Aktuelle Herausforderungen im Wissensmanagement —
Current Challenges in Knowledge Management

Innovatives Wissensmanagement
Innovative Knowledge Management

Herausgeber
Editor

Tit. Univ.-Prof. Dr. Dr. Dr. habil. Bernhard F. Seyr
Europäische Gesellschaft für Wissensökonomie
European Association for Knowledge Economy – EURECO

Band 6

Zur Qualitätssicherung und Peer Review der vorliegenden Publikation

Die Qualität der in dieser Reihe erscheinenden Arbeiten wird vor der Publikation durch externe, von der Herausgeberschaft benannte Gutachter geprüft.

Notes on the quality assurance and peer review of this publication

Prior to publication, the quality of the work published in this series is reviewed by external referees appointed by the editorship.

Bernhard F. Seyr (Hrsg.)

Aktuelle Herausforderungen im Wissensmanagement

Current Challenges in Knowledge Management

PETER LANG

Berlin - Bruxelles - Chennai - Lausanne - New York - Oxford

Bibliografische Information der Deutschen Nationalbibliothek
Die Deutsche Nationalbibliothek verzeichnet diese Publikation
in der Deutschen Nationalbibliografie; detaillierte bibliografische
Daten sind im Internet über http://dnb.d-nb.de abrufbar.

Gedruckt auf alterungsbeständigem, säurefreiem Papier.
Druck und Bindung: CPI books GmbH, Leck

ISSN 2699-6324
ISBN 978-3-631-92524-9 (Print)
E-ISBN 978-3-631-92534-8 (E-PDF)
E-ISBN 978-3-631-92535-5 (E-PUB)
DOI 10.3726/ b22238

Verlegt durch:
Peter Lang GmbH, Berlin, Deutschland

info@peterlang.com www.peterlang.com

Diese Publikation wurde begutachtet.

Inhalt

Editorial

Band 6 der Schriftenreihe *Innovatives Wissensmanagement* konzentriert sich auf aktuelle, praktische Anwendungen des Innovations- und Wissensmanagements in der Welt des 21. Jahrhunderts. In diesem Sinne wird im ersten Beitrag das Thema der hybriden Arbeit als neue Herausforderung für Führungskräfte und das Wissensmanagement erörtert. Der zweite Beitrag setzt sich mit der konkreten Einführung eines Prozesses zum Wissenstransfer und mit Elementen des Wissensmanagements anhand eines Praxisbeispiels auseinander. Der dritte Artikel beleuchtet die ökologische Erzeugung von Lebensmitteln im Zusammenhang mit System- und Zertifizierungsvorgaben für mehr Verbraucherschutz und Tierwohl als Beispiel für die oft schwierige Umsetzung von Innovationen im Bereich der Qualitätssicherung. Das Kosten-Nutzen-Verhältnis kostspieliger und aufwendiger Zertifizierungen wird im Zuge dessen beurteilt. Im vierten Kapital steht das moderne Thema „Künstliche Intelligenz" im Rahmen eines innovativen Personalmanagements bzw. der Personalentwicklung im Vordergrund. Vorgestellt werden die Ergebnisse einer qualitativen Studie, welche das Vertrauen von Mitarbeitern und Führungskräften in diese moderne Technologie zum Gegenstand hat. Der darauf folgende Beitrag ist theoretisch ausgerichtet und beschäftigt sich mit ethischen Überlegungen mit Bezug zur Unternehmensführung und zum Wissensmanagement. Der sechste Artikel widmet sich dem innovativen Geschäftsmodell der Zustellung von Lebensmitteln an Privatpersonen, vor allem hinsichtlich der diesbezüglichen Einschätzungen der bislang weniger beachteten Generation X. Der Artikel stellt klar, dass Wissensmanagement auch in der Branche des Online-Lebensmittelhandels erfolgsentscheidend ist. Der abschließende, siebte Beitrag rundet den Band mit Analysen zum militärischen Informationsaustausch und zum organisationalen Gedächtnis im Lichte des Wissensmanagements der OSZE und aktueller geopolitischer Konflikte ab.

Salzburg, im Mai 2024

Der Herausgeber:

Tit. Univ.-Prof. Dr. Dr. Dr. habil. Bernhard F. Seyr
Generaldirektor der Europäischen Gesellschaft für Wissensökonomie
(EURECO)
www.eureco.info

Norbert Klein[1]

1. Hybride Arbeit: Herausforderungen für Führungskräfte – insbesondere für das Wissensmanagement

Zusammenfassung: Etwa ein Viertel der deutschen Arbeitnehmer nutzt heute die Möglichkeit, im Home-Office zu arbeiten. Dabei hat die Corona-Pandemie diese Entwicklung zusätzlich beschleunigt. Das digitale Arbeiten und die damit verbundene räumliche Distanz stellt nun die Führungskräfte von Teams und Organisationseinheiten vor neue Herausforderungen. Denn es geht für sie nun darum, Personen wirkungsvoll zu führen, die nicht an einem physischen Arbeitsplatz vor Ort sind, sondern an anderen Orten, beispielsweise im Home-Office.

Welche Herausforderungen ergeben sich nun durch die Nutzung von Home-Office für die Führungskräfte und wie kann eine Führungskraft mit den geänderten Bedingungen – auch in Bezug auf das Wissensmanagement im Unternehmen – umgehen?

Diesen Fragen widmet sich der vorliegende Beitrag. Hierzu wurden aus der Literatur die Einflussfaktoren auf die Führung in Bezug auf veränderte Umweltbedingungen (Raum, Technik, Digitalisierung etc.), moderne Führungsorganisation (Steuerung von Aufgaben und Zielen etc.), die sozialen Anforderungen von Team und Mitarbeitenden (Gruppenkohäsion, Zusammenarbeit etc.) sowie die Auswirkungen auf das Wissensmanagement (Informationsfluss, Datenablage etc.) zusammengetragen.

Anschließend wurden die zur Verfügung stehenden Führungsinstrumente auf Basis der Fachliteratur erläutert und strukturiert.

Hierdurch wurde es möglich, die bestehenden wissenschaftlichen Kenntnisse mit den Ergebnissen eines Workshops von Führungskräften einer mittelgroßen Bank in Deutschland zum Thema *Führung auf Distanz* zu vergleichen. So konnte ein Werkzeug entwickelt werden, das es Führungskräften erleichtert, sich strukturiert auf Führungssituationen vorzubereiten. Ebenso konnten praxisorientierte Handlungsempfehlungen erarbeitet werden.

Die Ergebnisse sind nicht nur für Banken, sondern für alle Unternehmen interessant, die sich mit der Führung auf Distanz beschäftigen.

Schlagworte: Führung, Team, Distanz, Home Office, Wissensmanagement

---

1 Dkfm. Norbert Klein ist Direktor für den Bereich Interne Revision bei einer mittelgroßen Sparkasse, seit Juni 2022 auch externer Gutachter für Bachelor-Abschlüsse an der Fontys University of Applied Sciences, Venlo (NL). E-Mail: klein.buettgen@dg-email.de

1.1 Einführung

Als Hinführung zum Thema werden zunächst die Ausgangssituation und die Problemstellung zum Thema *Führung auf Distanz* beschrieben. Anschließend erfolgt die Erarbeitung der Forschungsfragen.

1.1.1 Ausgangssituation und Problemstellung

Etwa ein Fünftel der Führungskräfte weltweit führt heute ein Team, welches auf mehrere Standorte verteilt ist. Viele Führungskräfte stehen aber den Herausforderungen, die sich aus dem Führen auf Distanz ergeben, unvorbereitet gegenüber (Team Fokus Führung, 2021). In Deutschland arbeiten inzwischen rund 25 % der Erwerbstätigen im Home-Office (Deutsche Gesetzliche Unfallversicherung, 2023).

Unsere Wirtschafts- und Arbeitswelt wird durch Globalisierung und Digitalisierung stark verändert. Insbesondere die moderne Kommunikationstechnik macht verändertes, flexibles Arbeiten möglich, stellt aber die Führungskräfte vor neue Herausforderungen. So wird Führung auf Distanz zu einem festen Bestandteil der modernen Arbeitswelt. Die Führung erfolgt vorwiegend medienbasiert und hierdurch weniger persönlich. (Hülsbusch et al., 2006)

Die Corona-Pandemie hat das digitale Arbeiten beschleunigt, und durch die räumliche Distanz zwischen Führungskraft und Mitarbeiter entstehen neue Herausforderungen für die Führungskräfte (Partsch, 2021). Der Corona-Lockdown war für Unternehmen und Führungskräfte ein Anlass, sich mit der Ausgestaltung von Führung auf Distanz zu beschäftigen (Zirkler et al., 2020). Führung auf Distanz bedeutet geänderte Einflussfaktoren und Herausforderungen für Führungskräfte, denn die starke Reduzierung der persönlichen Kontakte zwischen Führungskraft und Mitarbeiter – aber auch zwischen den Mitarbeitern – ist bei mobiler Arbeit eine besondere Herausforderung (Breisig, 2020).

Auf der anderen Seite ergeben sich durch Führung auf Distanz auch neue Chancen der Zusammenarbeit hinsichtlich der Flexibilität sowie der Einbindung von Experten (Ritterhaus, 2023).

Letztlich geht es darum, Personen zu führen, die nicht an einem physischen Arbeitsplatz an einem bestimmten Ort sind, sondern an einem anderen Platz. Beispielsweise arbeiten sie im Home-Office oder an einem „Third Place", etwa einem Café oder am Urlaubsort. So wird die soziale Interaktion vom Persönlichen ins Digitale übertragen (Miller, 2023).

Die räumliche Distanz führt zudem zu Herausforderungen für das Wissensmanagement im Unternehmen. Denn der benötigte Informations- und

Wissenstransfer sowie die Entwicklung gemeinsamer Wissensräume und entsprechender Netzwerke müssen passend integriert werden. (Schenk et al., 2022)

1.1.2 Forschungsfragen

Aus der Problemstellung ergeben sich zunächst die Fragen, worin die Herausforderungen und Änderungen für Führungskräfte bei der Führung auf Distanz bestehen. Danach steht die Frage nach dem Umgang mit diesen Herausforderungen und den Möglichkeiten, die sich dadurch ergeben, im Vordergrund. Der Verfasser hat dazu folgende Forschungsfragen formuliert:

- Welche Herausforderungen ergeben sich durch die Nutzung von Home-Office für Führungskräfte?
- Wie kann die Führungskraft mit den geänderten Anforderungen - auch in Bezug auf das Wissensmanagement im Unternehmen - umgehen?

1.2 Dimensionen hybrider Führung

Zunächst einmal ist zu klären, welche Definitionen für den Begriff der Führung und später für die Begriffskombination für Führung auf Distanz bestehen. Zum Zwecke dieser Arbeit wurden die Definitionen berücksichtigt, die für die zu Grunde liegende Forschung hilfreich sind.

Führung erfolgt in der direkten Beziehung zwischen Führungskraft und Mitarbeiter und erfüllt eine formale Rolle der zielgerichteten Einflussnahme auf das Verhalten der Geführten (Breisig, 2020). Führen auf Distanz zeichnet sich zudem durch Führung vorwiegend ohne direkten persönlichen Kontakt aus (Becker, 2023). Im Zusammenhang mit der digitalen Führung auf Distanz wird auch der Begriff Digital Leadership genutzt (Partsch, 2021).

1.2.1 Einflussfaktoren

Die veränderten Bedingungen lassen sich zur besseren Orientierung in die Bereiche Umwelt, Führungsorganisation sowie Mitarbeiter und Team zusammenfassen (Hülsbusch et al., 2006).

Abbildung 1. Einflussfaktoren auf hybride Führung
Quelle: eigene Darstellung

Umwelt

Die Führung auf Distanz zeichnet sich typischerweise durch die räumliche Trennung beziehungsweise die örtliche Verteilung der Mitarbeitenden und Führungskräfte aus (Partsch, 2021). Führung hat hier die Aufgabe, die räumliche Distanz zwischen Führungskraft und Geführten zu überbrücken (Hülsbusch et al., 2006). Allerdings werden die Führungskräfte, ebenso wie die Teammitglieder und Mitarbeiter dadurch noch mehr abhängig von der Technologie und ihrer Verfügbarkeit (Zirkler et al., 2020). Neue Informationstechnologien müssen nun helfen, die geographische Distanz zu überbrücken (Hülsbusch et al., 2006).

Herkömmlicherweise erbringen Mitarbeiter ihre Arbeitsleistung an einem festgelegten Ort, beispielsweise in einem Büro. Dabei verbringen sie dort gleichzeitig ihre Arbeitszeit zu vereinbarten Zeiten. Durch den direkten und unmittelbaren Kontakt zu Kolleginnen, Kollegen und Führungskräften besteht ein simultaner Austausch. Dieser synchronen Form der Arbeit steht nun eine neue, asynchrone Form der Arbeit gegenüber, in der Ort, Zeit und persönlicher Kontakt variieren (Breisig, 2020).

Führungsorganisation

Die Arbeitsorganisation hat unterschiedliche Arbeits- und Organisationsformen (z. B. agile Formen, Projektarbeit, virtuelle Teams, informelle Teams) hervorgebracht. Durch neue Methoden und vor allem durch die moderne, medienunterstütze Kommunikation können verschiedene Arbeitsformen nebeneinander bestehen und kombiniert werden (Hülsbusch et al., 2006).

Die Rolle der Führungskraft verändert sich, so dass sie ihre Führungsaufgaben neu ausrichten muss (Sijbranddij, 2023). Führung auf Distanz heißt nun, die Mitarbeitenden aus der Ferne zu coachen, begleiten, zu motivieren, Sinn zu vermitteln und die Unternehmenskultur zu transportieren (Sijbranddij, 2023). Die Folge davon ist die Veränderung der Hauptaufgaben der Führungskräfte: Sie sind weniger Entscheidungsträger, weil die Mitarbeiter mehr eigenständige Entscheidungen treffen und treffen müssen (Hülsbusch et al., 2006). Auf der anderen Seite wird die Führungskraft zunehmend zu einem Kommunikations- und Beziehungsmanager, was durch den räumlichen (und zeitlichen) Abstand eine besondere Herausforderung darstellt (Hülsbusch et al., 2006). Auch in der Literatur wird gerade die Kommunikation als zentrale Herausforderung für die Führungskräfte gesehen, da die Unmittelbarkeit der Kommunikation auf digitalem Wege fehlt oder erschwert wird (Hülsbusch et al., 2006).

Eine weitere Herausforderung für Führungskräfte besteht in der nötigen Selbstorganisation der Mitarbeitenden, die manchen Schwierigkeiten bereitet (Ritterhaus, 2023). Denn die unklare Formulierung von Aufgaben und Zielen und nicht eindeutige Prioritäten bewirken Irritationen bei den Geführten (Ritterhaus, 2023). Hier braucht es besonders eindeutige Regeln und Strukturen, die durch die Führungskraft gestaltet werden müssen (Sijbranddij, 2023). Es gilt, gemeinsam Regelungen für die Zusammenarbeit und vor allem für das Homeoffice zu finden und entsprechende Absprachen im Team zu treffen (Miller, 2023).

Schwieriger wird es bei der Führung auf Distanz außerdem, die Leistung der einzelnen Teammitglieder zu bewerten, da die unmittelbare Beobachtung und Kontrolle eingeschränkt ist (Team Fokus Führung, 2021).

Mitarbeitende und Team

Kennzeichnend für mobile und hybride Arbeit ist die Autonomie und Selbststeuerung der Mitarbeitenden (Breisig, 2020). Dies erfordert Vertrauen der Mitarbeitenden in die eigene Leistungsfähigkeit und Selbstorganisation, aber insbesondere ebenso das Vertrauen der Führungskraft in die Leistungsfähigkeit und den Willen zur (Zusammen-)Arbeit bei den Mitarbeitenden (Breisig,

2020). Zudem besteht die Gefahr, dass Mitarbeitende, die nicht freiwillig vom Homeoffice aus arbeiten, ihre Motivation verlieren (Ritterhaus, 2023). Ebenso kann durch die Virtualität das gegenseitige Vertrauen leiden (Ritterhaus, 2023).

Die durch das virtuelle Arbeiten bedingte Mediennutzung ist wenig geeignet, die Kohäsion, also den Zusammenhalt der Gruppe und des Teams, zu stärken (Hülsbusch et al., 2006). Dennoch bleiben die Führungsimpulse aus dem Team weiterhin wichtig und die (gegenseitige) Selbstführung der Teammitglieder und des Teams wird bedeutender (Zirkler et al., 2020).

Auch wenn jedes Teammitglied für sich arbeitet, arbeiten die Teammitglieder als Team zusammen (Team Fokus Führung, 2021). Dennoch braucht Führung auf Distanz nach wie vor persönliche Treffen (beispielsweise wöchentlich bis hin zu quartalsweise), eben um den Teamzusammenhalt zu stärken (Hülsbusch et al., 2006).

1.2.2 Führungsinstrumente

Die digitale Führung liefert einige naheliegende Vorteile: die räumliche Flexibilität, die reduzierten Wegekosten und Raumkosten sowie gesparte Zeit. Es gibt aber auch Nachteile wie Probleme bei der Kontrolle der Mitarbeitenden oder deren Leistungseinschätzung. Zudem gibt es auch Probleme beim Aufbau von Vertrauen oder der Identifikation der Mitarbeitenden mit dem Unternehmen. (Hülsbusch et al., 2006)

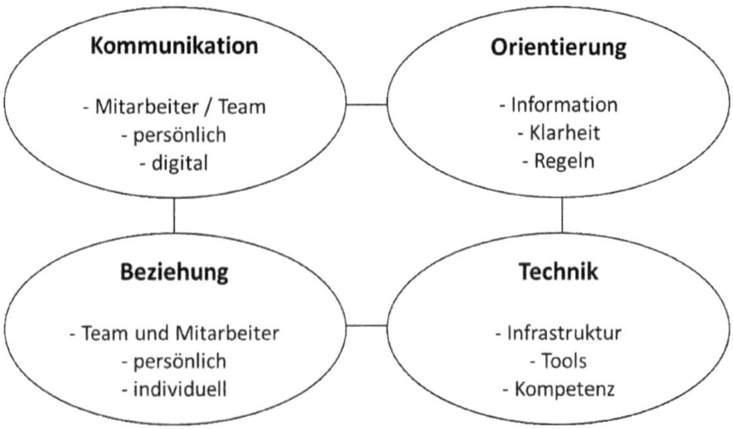

Abbildung 2. Führungsinstrumente
Quelle: eigene Darstellung

Kommunikation gestalten

Hier gilt es eine geeignete Kommunikation zwischen Führungskraft, Mitarbeitenden und dem Team sicherzustellen (Hülsbusch et al., 2006). Hierzu stehen den Führungskräften heute eine große Bandbreite an asynchronen und synchronen Medien zur Verfügung (Hülsbusch et al., 2006). Die digitale Kommunikation erfolgt hauptsächlich per Telefon und E-Mail (Partsch, 2021). Es wird aber nach wie vor auch oft das persönliche Gespräch genutzt (Partsch, 2021). Demgegenüber hat sich die Nutzung digitaler Teamtreffen mittels Telefon- oder Videokonferenzen offenbar bis ins Jahr 2021 noch weniger durchgesetzt (Partsch, 2021). Dies könnte sich aber inzwischen geändert haben. Insgesamt wird die Kommunikation in der Literatur als die zentrale Herausforderung für Führungskräfte gesehen, da die Unmittelbarkeit der Kommunikation bei der Führung auf Distanz eingeschränkt ist (Hülsbusch et al., 2006). Notwendig bleiben auch persönliche Begegnungen und es müssen regelmäßige Feedback-Gespräche durchgeführt werden (Miller, 2023). Die Kommunikation muss also gefördert werden, indem die situativ richtigen Medien zur Kommunikation gefunden werden, um den Mitarbeitenden alle relevanten Informationen zur Verfügung stellen und um die jeweilige Kommunikationssituation passend zu gestalten (Miller, 2023). Das bedeutet auch, dass regelmäßige Einzelgespräche und Teammeetings durchgeführt werden müssen (Miller, 2023). Zudem sollten komplexe Entscheidungen und komplizierte Themen möglichst in persönlichen Gesprächen besprochen werden (Team Fokus Führung, 2021).

Orientierung geben

Mitarbeitende brauchen für die Erfüllung ihrer Aufgaben von der Führungskraft Orientierung, die benötigten Informationen und gegebenenfalls Hilfestellungen durch die Führungskraft (Partsch, 2021). Hierbei erfolgt die erforderliche Unterstützung durch Medien, die sich in der Unterschiedlichkeit der Interaktivität und Visibilität unterscheiden (Hülsbusch et al., 2006). Die Führungskraft muss dabei auf Klarheit und Eindeutigkeit der Orientierungspunkte und der Aufgabenverteilung achten (Miller, 2023). Die Erwartungen der Führungskraft hinsichtlich der Arbeitsergebnisse müssen deutlich und klar formuliert werden, beispielsweise in Zielvereinbarungen für die einzelnen Mitarbeitenden, aber auch für das Team als Ganzes (Breisig, 2020). Denn trotz der autonomen Selbststeuerung der mobil Arbeitenden besteht weiterhin ein hoher Bedarf an Regelungs- und Koordinationstätigkeiten (Breisig, 2020). So sind auch eine klare Aufgabenbestimmung und Aufgabenabgrenzung notwendig (Breisig, 2020). Hieraus ergibt sich zusätzlich, dass eine Führung notwendig ist, die sich an den Ergebnissen der Arbeit orientiert, da der Einsatz der Geführten schwierig zu messen ist (Breisig, 2020).

Beziehungen pflegen

Die Führungskraft hat ferner die Aufgabe, Veränderungen der Aufgaben, des Umfelds und des Teams zu begleiten und dabei die Beziehungen zwischen sich und den Mitarbeitenden sowie der Mitarbeitenden untereinander zu gestalten (Partsch, 2021). Für den Erfolg der Führung auf Distanz ist außerdem nach wie vor – wie bereits oben erwähnt – der gelegentliche persönliche Kontakt ausschlaggebend. Damit mobil und hybrid Arbeitende sich nicht alleine gelassen fühlen, erwarten sie auch eine regelmäßige Beziehungspflege (Breisig, 2020). Hierbei ist es wichtig, Vertrauen zu geben, indem nicht kleinteilig die Arbeitsergebnisse kontrolliert werden, sondern hierzu ein richtiges Maß gefunden wird (Miller, 2023).

Führungskräfte müssen flexibel mit den unterschiedlichen fachlichen und persönlichen Reifegraden der Mitarbeitenden umgehen und dabei die Individualität der Teammitglieder berücksichtigen (Liebermeister, 2023). Ziel muss es sein, das Selbstmanagement und die Selbstführung der Mitarbeitenden, beispielsweise durch Coaching, zu fördern (Sijbranddij, 2023).

Technische Voraussetzungen und Kompetenzen sicherstellen

Mitarbeitende benötigen für die Erfüllung ihrer Aufgaben die passende technische Infrastruktur und Anwendungskompetenz (Miller, 2023). Nur, wenn sichergestellt ist, dass Führungskräfte und Mitarbeitende auf eine schnelle Internetverbindung, auf Telefon, Smartphone und Notebook zurückgreifen können, ist die Führung von virtuellen Teams überhaupt möglich (Team Fokus Führung, 2021). Alle verwendeten Kommunikationsmittel und Kollaborationstools müssen im Vorfeld festgelegt sein und zur Verfügung stehen (Team Fokus Führung, 2021). Dies kann auch im Kleinen gestaltet werden, etwa durch die Möglichkeit der Aufgaben und Kalendersteuerung, beispielsweise über Outlook (Reynards, 2023). Ferner können Informationen zur Erreichbarkeit, beispielsweise über Arbeitsort (Home-Office oder Büro), Termine, aber auch die Koordination von virtuellen und persönlichen Meetings technisch transparent werden (Reynards, 2023).

Zusätzlich sollten zur Erleichterung bzw. zur Verbesserung des sicheren Umgangs mit der zu nutzenden Technik im Homeoffice kontinuierlich entsprechende Schulungen (beispielsweise in Bezug auf die Durchführung von

Videokonferenzen, Webinaren etc. sowie zur Anwendung der zu nutzenden Technik) und ein technischer Support angeboten werden (Bogenstahl & Peters, 2021).

1.2.3 Integration von Wissensmanagement

Die Zusammenarbeit in räumlich verteilten Teams bietet nicht nur eine neue Flexibilität, sondern führt auch zu besonderen Herausforderungen aufgrund der räumlichen Distanz. Insbesondere die Bereiche Kommunikation, Transparenz, der notwendigen Wissenstransfer und die Entwicklung gemeinsamer Wissensräume und Netzwerke müssen neu gedacht und gestaltet werden. (Schenk et al., 2022)

Für Banken ist das Wissensmanagement von besonderer Bedeutung. Es wird verstanden als zielorientierte Gestaltung der Wissensbasis von Unternehmen – also auch für Banken – und ist so von besonderem Interesse (Lucko et al., 2000). Banken können als ausgesprochen wissensintensive Unternehmen angesehen werden (Westenbaum, 2003).

Bei der Gestaltung der Wissensbasis von Bankennetzwerken können drei Maßnahmendimensionen unterschieden werden. Die personalorientierten Maßnahmen stellen die (technischen) Kompetenzen und Skills der Mitarbeitenden in den Mittelpunkt, beispielsweise in der Personalentwicklung durch Schulungen. Die technologieorientierten Maßnahmen hingegen fokussieren sich auf die technischen Werkzeuge, die dem Wissensmanagement dienen, etwa gemeinsame Kalender oder Anwendungen für Online-Konferenzen. Schließlich stellen organisatorische Maßnahmen die notwendigen Prozesse und Strukturen, beispielsweise Informationsstrategien, zur Verfügung. (Amelingmeyer & Eberling, 2006)

Es gilt also, Mensch, Organisation und Technik so zu gestalten, dass ein auf die Unternehmensziele abgestimmtes Management von (Unternehmens-)Wissen möglich wird. Wissen wird dabei als Ressource verstanden (Lucko et al., 2000). Wissensmanagement besteht dann aus den Elementen Wissensentwicklung, Wissensakquisition und Wissenstransfer (Westenbaum, 2003).

Nonaka und Takeuchi veranschaulichen in ihrem 1995 veröffentlichten Modell Wissensmanagement in einer Matrix und unterscheiden hier implizites Wissen in den Dimensionen Sozialisierung und Internalisierung sowie explizites Wissen in den Dimensionen Externalisierung und Kombination. Die Dimensionen wirken im Rahmen eines Kreislaufs aufeinander. (Nonaka & Takeuchi, 1995)

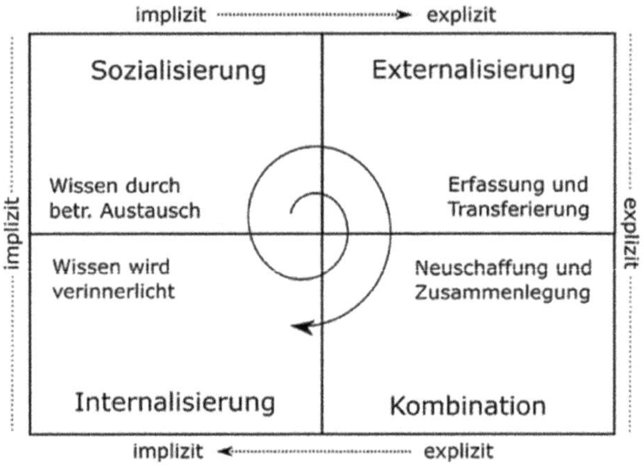

Abbildung 3. 1 SECI-Modell nach Nonaka und Takeuchi
Quelle: eigene Darstellung in enger Anlehnung an (Nonaka & Takeuchi, 1995)

Insgesamt lässt sich also gut ermitteln, in welchem Rahmen Wissensmanagement allgemein und auch konkret in Banken eingeordnet werden kann. Es stellt sich nun die Frage, welche Faktoren Wissensmanagement - vor allem in hybriden Konstellationen - erfolgreich machen.

1.2.4 Erfolgsfaktoren

Als Ziel eines erfolgreichen Wissensmanagements wird die Effektivität von Wissensübertragung, Wissensverteilung Wissensaustausch und Wissenserwerb in den Blick genommen. Zudem ist die Strukturierung der Wissensinhalte wichtig (Lucko et al., 2000).

Eine ungenügende Kommunikation und erschwerte Informationsweitergabe bei der Zusammenarbeit in hybriden Teams bergen die Gefahr, dass der Umgang mit Wissen im Unternehmen nicht optimal erfolgt. (Niedermeier & König, 2002)

Erfolgreiche und wirksame Faktoren für das Wissensmanagement lassen sich nach menschlichen, organisatorischen und technischen Erfolgsfaktoren unterscheiden. (Linde, 2005)

Erfolgsfaktoren im menschlichen Bereich

Mitarbeiter müssen das eingeführte Wissensmanagement akzeptieren und das Topmanagement muss das Wissensmanagement unterstützen (Linde, 2005). Das Wissensmanagement im Unternehmen wird so zur Chefsache (Meyer, o. J.).

Nutzer des Wissensmanagements müssen – zusätzlich zur hybriden Arbeit – die Gelegenheit zum persönlichen Kontakt haben (Linde, 2005). Zudem müssen möglichst viele Mitarbeiter einbezogen werden (Meyer, o. J.). Außerdem spielen die Schulung und die Entwicklung der Mitarbeitenden für ein effektives Wissensmanagement eine entscheidende Rolle (Sipkar, 2023).

Die Mitarbeiter können durch Anreizsysteme motiviert werden. Wissen muss einen hohen Stellenwert im Unternehmen haben (Linde, 2005). Zusätzlich müssen Mitarbeitende aktiv dazu ermutigt werden, ihr Wissen und ihre Erfahrungen zu teilen (Sipkar, 2023).

Erfolgsfaktoren im organisatorischen Bereich

Die Wissensziele müssen mit den Unternehmenszielen verknüpft werden (Linde, 2005). Ebenso ist eine Verknüpfung des Wissensmanagements mit dem Ideenmanagement und dem Qualitätsmanagement im Unternehmen notwendig (Meyer, o. J.).

Es müssen zeitliche Freiräume geschaffen werden, damit die Mitarbeitenden sich tiefer mit dem Wissensmanagement auseinandersetzen können. Gemeinsame Begrifflichkeiten und Sprachstandards müssen, vor dem Hintergrund einer besseren Kommunikation, eindeutig festgelegt und klar definiert werden. Dabei müssen die Aktualität und die Qualität der Inhalte gesichert werden. (Linde, 2005)

Es muss klare Verantwortlichkeiten und Zuständigkeiten für das Wissensmanagement geben (Linde, 2005). Zusätzlich lässt sich eine Wissensmanagement-Software oder eine Datenbank nutzen, die hilft, das relevante Wissen zu kartieren (Sipkar, 2023).

Die Nutzer müssen Feedback zur Qualität des Wissens geben können (Linde, 2005). Außerdem sollte der Erfolg des Wissensmanagements im Unternehmen gemessen werden (Meyer, o. J.). Zur regelmäßigen Evaluation von Wissensbeständen nach ihrer Bedeutung und Aktualität bietet sich die Portfolio-Technik an, die Organisationen einen raschen Überblick ermöglicht (Seyr & Hoffer, 2021).

Erfolgsfaktoren im technischen Bereich

Der sorgsamen Implementierung und auch der Fortführung des Wissensmanagements kommt somit eine besondere Bedeutung für den Erfolg des Wissenmanagements im Unternehmen zu (Amelingmeyer & Eberling, 2006). Zudem müssen die Unzulänglichkeiten des Wissensmanagementsystems rechtzeitig erkannt und behoben werden (Linde, 2005).

Es müssen eine vertraute und nutzerfreundliche Benutzeroberfläche und ein einfacher Zugriff vorhanden sein (Linde, 2005). Aber auch die Nutzung von Künstlicher Intelligenz (KI) kann zusätzlich Teil des Wissensmanagements werden (Sipkar, 2023).

Dabei können (technische) Hilfsmittel und Werkzeuge der erfolgreichen Umsetzung dienen.

1.2.5 Hilfsmittel und Werkzeuge

Für ein erfolgreiches Wissensmanagement und einen effektiven Wissensaustausch werden geeignete technische Werkzeuge benötigt, die den Wissensaustausch und die Zusammenarbeit der Mitarbeitenden unterstützen (Sipkar, 2023).

Eine Intranet-Plattform bietet sich für den Wissensaustausch an, denn mit Foren, Diskussionsforen, Blogs, Wikis und anderen Tools können die Mitarbeitenden nicht nur ihr Wissen innerhalb des Unternehmens teilen, sondern auch ihr Fachwissen erweitern (Sipkar, 2023; Lucko et al., 2000). Auch in Banken haben sich diese (internen) Plattformen etabliert (Kuck, 2023).

(Externe) Plattformen aus dem Bereich der sozialen Medien wie LinkedIn, Facebook und Twitter können ebenfalls dem Wissenserwerb und Wissensaustausch dienen. Beispielsweise können auf LinkedIn (geschützte) Gruppen eingerichtet werden, in denen Mitarbeitende ihr Wissen und ihre Erfahrungen austauschen können. (Sipkar, 2023)

Besonders hilfreich sind E-Learning-Plattformen, denn sie sind speziell für den Wissensaufbau und Wissensaustausch konzipiert. Durch digitale Kurse, Schulungen und Webinare können Mitarbeitende ihr Wissen und ihre Fähigkeiten weiterentwickeln und teilen (Sipkar, 2023).

Für die Zusammenarbeit im Unternehmen sind Kollaborationstools wie Confluence, Microsoft Teams, Slack und Google Drive geeignet (Sipkar, 2023). Mitarbeitende können hier Dokumente austauschen und problemlos an gemeinsamen Projekten arbeiten (Sipkar, 2023) oder an Sitzungen und Workshops teilnehmen (Kuck, 2023). Zudem kommen auch „kleinere“ Lösungen zur unmittelbaren Zusammenarbeit, etwa Gruppenkalender, gemeinsame Speicherlaufwerke etc. zum Einsatz (Kuck, 2023).

Die Anforderungen an technisch unterstützte Wissensbasen umfassen folgende Punkte:

- leichte Formalisierung und Beschreibung der Wissensobjekte (Lucko et al., 2000)
- Benutzerfreundlichkeit (Sipkar, 2023)
- Überblicksinformationen wie „Wissenslandkarten" oder Portfolios (Sipkar, 2023)
- Vorhandensein von Indikatoren für die Effektivität des Wissens, seiner Nutzung und Aktualität (Lucko et al., 2000)
- Querverweise auf interne und externe Experten wie „Gelbe Seiten" (von Guretzky, 2004)

Insgesamt stehen vielfältige technische Lösungen für die Unterstützung des Wissensmanagements – vor allem vor dem Hintergrund der hybriden Arbeitsformen – im Mittelpunkt. Sie unterstützen auch die Führungskräfte durch Führungsinstrumente (Sijbranddij, 2023).

1.3 Anwendung der Führungsinstrumente

Es bleibt zu untersuchen, ob die vorhandenen Instrumente zur Führung auf Distanz alleine ausreichen, um eine wirksame Führung sowie eine wirkungsvolle Informationssteuerung sicherzustellen (Hülsbusch et al., 2006). Daher wird im Folgenden zunächst ein kurzer Überblick über die Anwendung, die der Literatur zu entnehmen ist, gegeben. Anschließend wird über die praktische Anwendung bei einer Sparkasse berichtet.

1.3.1 Literatur zur Anwendung der Führungsinstrumente

Der Literatur lassen sich verschiedene Erkenntnisse bei der Nutzung von Homeoffice für die effektive Bearbeitung von Führungsaufgaben auf Distanz entnehmen.

Ein guter Umgang mit dem mobilen Arbeiten kann eine flexible Arbeitsform bringen, die zu erhöhter Kreativität und Motivation führen kann (Ritterhaus, 2023). Demgegenüber kommt es in einigen Unternehmen zur Rücknahme der mobilen Arbeit (Bonin et al., 2020). Solche Entscheidungen werden mit der sinkenden Kreativität und Innovation begründet, welche die Führungskräfte zumindest zum Teil in der fehlenden Teamarbeit sahen (Bonin et al., 2020). Auch beispielsweise bei Google wird der Anteil von Telearbeit so gering wie möglich gehalten, um die Zusammenarbeit, Innovation und Kreativität zu fördern (Bonin et al., 2020).

Vorliegende Studien zeigen zudem, dass Homeoffice und mobile Arbeit dazu beitragen können, individuelle Bedürfnisse nach flexibler Arbeitsgestaltung zu realisieren und damit die Arbeitszufriedenheit der Beschäftigten zu verbessern (Bonin et al., 2020). Außerdem gibt es deutliche Hinweise darauf, dass die Arbeit im Homeoffice in Deutschland vor allem ein Instrument für Führungskräfte ist (Bonin et al., 2020).

Allerdings merken Unternehmen an, dass der Abstimmungsaufwand in vielen Prozessen größer geworden ist (Bonin et al., 2020). Um diesem Prozess entgegenzuwirken, hat man beispielsweise tägliche Abstimmungsrunden eingeführt (Bonin et al., 2020). Außerdem ist es manchmal kaum möglich, teamübergreifende Besprechungen vor Ort zu koordinieren, da jeder Teilnehmer andere Anwesenheitszeiten und Termine hat (Bonin et al., 2020).

Trotz der Dominanz der technischen Kommunikation ist die Qualität und Intensität im direkten Kontakt, unterstützt durch Mimik, Gestik, Stimme etc. nicht verzichtbar (Breisig, 2020). Es gibt zudem Hinweise auf die Wichtigkeit eines regelmäßigen und effektiven Informationsaustausches, insbesondere zwischen Führungskräften und Angestellten (Bonin et al., 2020). Es zeigt sich, dass die Nutzung von Führungsinstrumenten auf die Ausgabenstellung abgestimmt sein muss (Hülsbusch et al., 2006).

Da der Nutzen von Wissensmanagement-Maßnahmen nach wie vor schwer zu quantifizieren ist, gilt es, das obere Management von der Idee ständig zu begeistern und von den Vorteilen zu überzeugen. Wissensmanagement kann kein Einmalprojekt sein, sondern ist als dauerhafte Managementaufgabe zu verstehen (Lucko et al., 2000).

Unbewusst managt jede Organisation ihr Wissen; wichtig ist es, die vorhandenen Aktivitäten darzulegen und bewusst einzusetzen. Damit lassen sich auch Barrieren beim Management und den Mitarbeitern abbauen und es wird deutlich, dass Wissensmanagement nicht nur ein Modethema ist (Lucko et al., 2000).

Gerade um die Nutzung von technischen Lösungen voranzutreiben, müssen eine hohe Akzeptanz bei den Mitarbeitern und eine entsprechend offene Unternehmenskultur vorhanden sein. Das Zusammenspiel der drei Aspekte Mensch – Organisation – Technik ist zwingend notwendig. Eine reine Investition in Software-Tools als schnelle Lösung führt nicht zum Erfolg. (Lucko et al., 2000)

1.3.2 Die Anwendung in einer Sparkasse

Im Rahmen eines Workshops mit Führungskräften aller Hierarchieebenen einer mittelgroßen Sparkasse in Deutschland (Nordrhein-Westfalen) wurde die konkrete Anwendung der Führungsinstrumente in Bezug auf mobiles Arbeiten kritisch hinterfragt.

Zunächst wurden die Teilnehmer des Workshops im Rahmen einer theoretischen Einführung über das Thema „Führung auf Distanz" informiert. Die Einführung entsprach im Wesentlichen den zuvor beschriebenen Inhalten und Hintergründen (Kuck, 2023).

Die Ergebnisse wurden in einem Fotoprotokoll festgehalten.

Ziele und Erwartungen an Führung auf Distanz

Ziele der hybriden Arbeit in der Sparkasse sind aus Sicht der am Workshop beteiligten Führungskräfte die bestmöglichen Arbeitsorte für die jeweiligen Aufgaben zu finden sowie ein attraktives Arbeitsumfeld für alle Mitarbeitenden und Führungskräfte zu schaffen. Es ist also ein geeigneter Mix aus Büro- und Home-Office-Arbeit sowie der Arbeit an dritten Orten zu finden (Kuck, 2023).

Die Erwartungen der Führungskräfte erstrecken sich daher auch auf diese drei Arten von Arbeitsumgebungen. Bei der Präsenzzeit im Büro soll vor allem der Teamgedanke im Vordergrund stehen sowie ein persönlicher Austausch (fachlich und menschlich) stattfinden und zusätzlich eine Trennung von Arbeit und Privatem ermöglicht werden. Demgegenüber werden für die mobile Arbeit die Verfügbarkeit von allen benötigten Informationen, eine funktionierende Technik, abgestimmte und klare Aufgaben sowie eine weitergehende Kontaktpflege erwartet (Kuck, 2023).

Rolle der Führungskraft

Der Führungskraft kommt daher eine besondere und herausfordernde Rolle zu. Zunächst einmal muss sie das hybride Arbeiten koordinieren, Aufgaben und Ziele klar formulieren und eindeutig vereinbaren. Darüber hinaus muss sie die Zusammenarbeit im Team aber auch zu anderen Teams sicherstellen und fördern. Der Team-Zusammenhalt, also die Gruppen-Kohäsion, wird als besonders wichtig erachtet. Das Führungsverhältnis von Führungskraft und Mitarbeiter ist geprägt von einem ausgewogenen Verhältnis von Vertrauen und Kontrolle durch eine individuelle, auf den jeweiligen Mitarbeiter abgestellte Führung. Notwendig ist zudem eine ausgeprägte digitale Kompetenz auf beiden Seiten. (Kuck, 2023)

Als Werkzeuge stehen der Führungskraft je nach Situation nicht nur unterschiedliche Medien (beispielsweise E-Mail, Telefon, persönliches Gespräch, Online-Meetings etc.) zur Verfügung, sondern auch die konkrete Ausgestaltung dieser Werkzeuge. So sind für ein gutes Online-Meeting eine gute Struktur und Vorbereitung genauso notwendig wie klare Rollen, eine gute Moderation und gegebenenfalls eine Protokollierung. Für Bürotage sind beispielsweise feste Präsenztage, die eine persönliche Beziehungspflege und Präsenzmeetings ermöglichen, geeignet. Die Nutzung von Home-Office wird begleitet von geeigneter Kommunikation. Hierzu dienen beispielsweise Care-Calls, enge Rücksprachen, klare Formulierung von Erwartungen und Zielen, eine individuelle Führung, ein guter Informationsfluss sowie die Nutzung von technischen Hilfsmitteln (beispielsweise digitale Ablagen, Kalendernutzung und Abwesenheits-Agenten). (Kuck, 2023)

Wissensmanagement

Die technischen Hilfsmittel zur Organisation der Zusammenarbeit und des Wissensmanagements werden auch in der Sparkasse genutzt. Die Führungskräfte nutzen sie zur Unterstützung ihrer Führungsaufgaben. Dabei wird der Organisation der Zurverfügungstellung von Informationen und Wissen eine große Bedeutung beigemessen. (Kuck, 2023)

Auch kommen bereits geeignete Werkzeuge zum Einsatz. So hat sich das sparkasseneigene Infonet als Intranet-Lösung etabliert. Zur Zusammenarbeit werden Skype (für Online-Meetings), gemeinsame One-Note-Dokumente oder gemeinsame Speicherlaufwerke genutzt. Eine eigentliche Wissensmanagement-Software (beispielsweise Confluence oder Monday.com) hingegen kommt noch nicht zum Einsatz. (Kuck, 2023)

Zusammenfassung der Ergebnisse

Eine gute Führung wirkt – als Ergebnis des Workshops – im Umfeld des hybriden Arbeitens bewusst auf die Zusammenarbeit zwischen Führungskraft, Mitarbeitenden und Team ein. (Kuck, 2023)

Dabei müssen die Bedürfnisse aller Beteiligten nach Verbundenheit und nach freier Gestaltung berücksichtigt werden. Zudem müssen ausgewogene Verhältnisse

- zwischen Präsenz und Flexibilität
- zwischen Kontrolle und Vertrauen
- zwischen Zusammenarbeit und individuellem Arbeiten sowie

- zwischen Identifikation mit dem Unternehmen und individueller Freiheit gefunden werden (Kuck, 2023).

Hierzu bedarf es einer kontinuierlichen Entwicklung der erforderlichen Kompetenzen bei der Führungskraft und bei den Mitarbeitenden hinsichtlich der technischen Anwendungen und vor allem der Kommunikation. Denn die Kommunikation stellt die größte Herausforderung und damit auch das größte Handlungsfeld - vor allem der Führungskräfte - dar. (Kuck, 2023)

Letztlich geht es darum, die jeweils passende Arbeitsform für die jeweilige Aufgabe und den individuell beteiligten zu finden (Kuck, 2023).

1.4 Weiterentwicklung der Anwendungserkenntnisse

Die gewonnenen Erkenntnisse brachten den Verfasser auf die Idee, die Erkenntnisse zur Visualisierung und Orientierung bei der täglichen Führungsarbeit in einer „Landkarte" zusammenzuführen. Durch dieses Hilfsmittel wird es möglich, für die jeweilige Herausforderung, die jeweilige Aufgabe und den individuellen Mitarbeiter (oder die Teams) eine geeignete Ausrichtung und Nutzung der Führungsinstrumente zu finden.

Die „Landkarte" in Form einer Matrix kann - unter Berücksichtigung von Orientierungspunkten zu den Führungsinstrumenten - Aufgaben und Personen mit den geeigneten Medien und Arbeitsformaten veranschaulichen und das Finden erleichtern.

Aufgabe	Beteiligte Persone(n)
Instrumente und Orientierungspunkte	**Ausprägung, Besonderheit**
Kommunikation synchron - asynchron persönlich - fachlich direkt - indirekt Feedback - Information 1 : 1 - 1 : n komplex - einfach	
Aufgabe Hilfe - Selbststeuerung Visibilisierung - Abstraktion interaktiv - alleine klar - unklar einfach - komplex zusammen - individuell	
Ergebnis, Ziel und Erwartung klar - unklar vereinbart - nicht vereinbart messbar - nicht messbar	
Beziehungen pflegen Verbundenheit - freie Gestaltung Vertrauen - Kontrolle kompetent - nicht kompetent Beziehung - Aufgabe reif - unreif	
Bedürfnisse des Mitarbeitenden Verbundenheit - freie Gestaltung Präsenz - Flexibilität	
Technische Voraussetzungen gegeben - nicht gegeben	
Medium, Kommunikationskanal	

Abbildung 4. Orientierungsmatrix
Quelle: eigene Darstellung

Die „Landkarte" ist in drei Bereiche unterteilt. Im Kopfteil werden Aufgabe und Beteiligte erfasst. Danach folgen die Aufgaben und Orientierungspunkte zu denen je paarweise Ausprägungsmerkmale dargestellt sind. In der zweiten Spalte können nunmehr die Ausprägungen und Besonderheiten zu Anlass und Personen festgehalten werden. Im Fußteil können kann die ermittelten Erkenntnisse zu Medien und Kommunikationskanälen etc. festgehalten werden.

1.5. Schlussfolgerungen und Empfehlungen

Aufgrund der Literaturrecherche konnten die Herausforderungen, die sich durch die Nutzung von Home-Office für Führungskräfte ergeben (Forschungsfrage 1), ermittelt werden. Es zeigt sich, dass sich die Herausforderungen auf die Themenbereiche Umwelt, Führungsorganisation sowie Mitarbeiter und Team erstrecken. Dabei hat sich die Kommunikation als stärkste Herausforderung herausgestellt, die alle drei Themenbereiche berührt.

Ebenfalls aus der Literatur wurden Instrumente zum Umgang mit den geänderten Anforderungen für Führungskräfte (Forschungsfrage 2) entnommen. Hierbei stellten die Kommunikation, das Geben von Orientierung, die Beziehungspflege sowie das Schaffen von technischen Voraussetzungen die Schwerpunkte dar. Diese werden dann situativ kombiniert.

Die Literatur lieferte zudem auch Anhaltspunkte zur praktischen Anwendung von Führungsinstrumenten in Unternehmen sowie Erfahrungen mit mobiler und hybrider Arbeit im Allgemeinen.

Zur primären Forschung wurde am Beispiel einer mittelgroßen deutschen Sparkasse im Rahmen eines Workshops *Führen von hybriden Teams* Herausforderungen und Erfahrungen gesammelt und in den Themenbereichen „Ziele und Erwartungen" sowie „Rolle der Führungskraft" zusammengeführt.

Es zeigte sich, dass die im Workshop benannten Herausforderungen und die entsprechenden Führungsinstrumente weitgehend deckungsgleich mit den Erfahrungen aus der Literatur sind. Bemerkenswert ist, dass sowohl in der Literatur als auch im Workshop die Kommunikation als zentrales Thema benannt wurde (Forschungsfrage 1). Gleichwohl konnten naturgemäß detailliertere Einzelerkenntnisse, beispielsweise zu technischen Lösungen zum Wissensmanagement, zusammengetragen werden (Forschungsfrage 2).

Als besonderes Ergebnis konnte mit einer Matrix in der Form einer „Landkarte" ein hilfreiches Instrument zur Orientierung und Vorbereitung hybrider Führungssituationen entwickelt werden.

Aus den Ergebnissen der Arbeit lassen sich folgende Empfehlungen zusammenfassend ableiten:

Führungskräfte müssen besonderen Wert auf eine geeignete Kommunikation legen und sie bewusst gestalten. So werden die räumliche Distanz überwunden, Beziehungen gepflegt und Orientierung gegeben.

Zudem müssen die Führungskräfte die persönlichen Beziehungen zu den Geführten, aber auch des Teams untereinander bewusst und intensiv pflegen, um die Führung zu verbessern und die soziale Gruppe zu stärken.

Ebenso muss den Führungskräften die Bedeutung des Wissensmanagements des Unternehmens bewusst sein. Das Wissensmanagement muss von der Führung proaktiv mitgestaltet werden. Nur so kann benötigtes Wissen definiert, evaluiert, generiert, gespeichert und der adäquaten Nutzung zur Verfügung gestellt werden.

Literaturverzeichnis

Amelingmeyer, J., & Eberling, G. (2006). *Handbuch Industrialisierung der Finanzwirtschaft Strategien, Management und Methoden für die Bank der Zukunft* (S. Löschenkohl & Z. Sokolovsky, Hrsg.; 1. Auflage 2005). Gabler.

Becker, F. (2023). *Führen auf Distanz: Erfolgreiche virtuelle Führung.* https://wpgs.de/fachtexte/fuehren-auf-distanz/

Bogenstahl, C., & Peters, R. (2021). *Perspektiven eines hybriden Arbeitens im Homeoffice und im Büro.* Büro für Technikfolgen-Abschätzung beim Deutschen Bundestag (TAB). https://doi.org/10.5445/IR/1000131774

Bonin, H., Eichhorst, W., Kaczynska, J., Kümmerling, A., Rinne, U., Scholten, A., & Steffes, S. (2020). *Verbreitung und Auswirkungen von mobiler Arbeit und Homeoffice – Kurzexpertise.* Bundesministerium für Arbeit und Soziales.

Breisig, T. (2020). Führung auf Distanz und gesunde Führung bei mobiler Arbeit. *Zeitschrift für Arbeitswissenschaft, 74*(3), 188–194. https://doi.org/10.1007/s41449-020-00219-6

Hülsbusch, W., Utsch, A., Remdisch, S., & Groß, M. (2006). Führen auf Distanz – Vom E-Leading zum Blended Leading. *Wissensmanagement, Human Ressources*(1), 40–42.

Kuck, K. (2023). *Führen von hybriden Teams/Führen auf Distanz* [Fotoprotokoll des Workshops].

Liebermeister, B. (2023). Die Generation Z will anders motiviert werden. *die bank* (8), 58–62.

Linde, F. (2005). *Barrieren und Erfolgsfaktoren des Wissensmanagements* (Kölner Arbeitspapiere zur Bibliotheks- und Informationswissenschaft). Fachhochschule Köln. https://webdoc.sub.gwdg.de/ebook/serien/aw/fh-koeln/Band047.pdf

Lucko, S., Trauner, B., & Lembke, G. (2000). *Wissensmanagement bei der HypoVereinsbank. 10.* https://www.wissensmanagement.net/themen/artikel/artikel/wissensmanagement_bei_der_hypovereinsbank.html

Meyer, J. (o. J.). *Fünf Erfolgsfaktoren für Wissensmanagement im Unternehmen. Innolytics.* https://www.innolytics.de/wissensmanagement-im-unternehmen/

Miller, M. (2023). *Führen auf Distanz: Herausforderung und Chance.* https://www.buero-kaizen.de/fuehren-auf-distanz

Niedermeier, S., & König, S. (2002). *Agiles Wissensmanagement in hybriden Arbeitskontexten – Chancen und Herausforderungen für die Umsetzung.* Deutscher Wirtschaftsdienst. https://opus4.kobv.de/opus4-hs-kempten/frontdoor/index/index/docId/1261

Nonaka, I., & Takeuchi, H. (1995). *The Knowledge-Creating Company: How Japanese Companies Create the Dynamics of Innovation?.* https://ssrn.com/abstract=1496713

Partsch, P. (2021). *Führung auf Distanz – Herausforderungen des digitalen Wandels für Führungskräfte in der sächsischen Staatsverwaltung.* Meissen.

Deutsche Gesetzliche Unfallversicherung e.V. (DGUV) (2023). *Tipps für Führungskräfte im Homeoffice.* top eins. https://topeins.dguv.de/arbeitssicherheit/gut-fuehren-aus-der-ferne/

Reynards, M. (2023). *New Work, OUA und digitale Führung – Praxis-Tipps, digitale Werkzeuge und technische Arbeitsplatzausstattung für hybride Führung* [Präsentationsunterlage].

Ritterhaus, A. (2023). *Herausforderung der Führung auf Distanz [für Führungskräfte und Mitarbeiter].* Targetter. https://www.targetter.de/fuehrung-auf.distanz-herausforderung/

Schenk, J., Kurik, J., Gelberg, J., & Lischka, A. (2022). Wissensmanagement in virtuellen Welten: Wissensgenerierung in Virtual Reality-Umgebungen. *HMD Praxis der Wirtschaftsinformatik, 59*(1), 159–176. https://doi.org/10.1365/s40702-021-00814-z

Seyr, B. F., & Hoffer, T. (2021). Measuring, Visualizing, and Controlling Intangible Assets in Knowledge Management. *Journal of the Knowledge Economy, 12*, 1462–1476. https://doi.org/10.1007/s13132-020-00676-8

Sijbranddij, S. (2023). Fernwärme. *Harvard Business Manager, August 2023*(8), 40–41.

Sipkar, E. (2023). Die 7 stärksten Strategien für effektives Wissensmanagement. *studytube.* https://www.studytube.de/blog/die-7-staerksten-strategien-fuer-effektives-wissensmanagement

Team Fokus Führung (2021). *Führen auf Distanz – 10 wichtige Voraussetzungen.* Haufe Akademie. https://www.haufe-akademie.de/blog/themen/fuehrung-und-leadership/fuehren-auf-distanz-virtuell-erfolgreich-in-der-vuca-welt/#:~:text=Rund%20ein%20F%C3%BCnftel%20aller%20F%C3%BChrungskr%C3%A4fte,Distanz%20mit%20sich%20bringt%2C%20vorbereitet von Guretzky, B. (2004, Mai 11). *Wissensmanagement in virtuellen Unternehmen*. Wissensmanagement in Theorie und Praxis. https://www.community-of-knowledge.de/beitrag/wissensmanagement-in-virtuellen-unternehmen/

Westenbaum, A. (2003). *Bankbetriebliches Wissensmanagement: Entwicklung, Akquisition und Transfer der Unternehmensressource Wissen in Kreditinstituten*. Peter Lang.

Zirkler, M., Scheidegger, N., & Bargetzi, A. I. (2020). *Führung auf Distanz: Eine Untersuchung zur Distanzführung während des coronabedingten Lockdowns 2020 an der ZHAW* [61, application/pdf]. https://doi.org/10.21256/ZHAW-20775

Volker C. Horsthemke[1]

2. Einführung eines Prozesses zum Wissenstransfer – Elemente des Wissensmanagements in der Praxis

Zusammenfassung: Im Rahmen dieses Artikels wird die Einführung eines Prozesses zu Wissenssicherung und -weitergabe im Unternehmen in Form einer ethnographischen Einzelfallstudie untersucht. Eine Besonderheit ist, dass das beobachtete Unternehmen bereits im Vorfeld im Rahmen der Einführung eines Business Process Managements ein detailliertes Prozess- und Dokumentenmanagement aufgebaut hatte. Das wissenschaftliche Interesse begründet sich in der Möglichkeit, zu überprüfen, ob das Vorliegen eines Dokumentenmanagements förderlich für die Einführung eines – darauf aufbauenden – Wissensmanagements ist. Der folgende Artikel beschreibt die Erkenntnisse.

Schlagworte: Business Process Management, Wissensmanagement, Dokumentenmanagement, Wissenssicherung, Wissenstransfer

2.1 Einleitung

Die Frage danach, wie es um Wissensmanagement in der Praxis von Organisationen bestellt ist, lässt sich, auch Jahrzehnte nachdem Fakultäten rund um das Managen von Wissen und Information[2] erste Aufmerksamkeit auf sich gezogen haben, nicht ohne Weiteres einfach beantworten. Während aus Sicht des Autors dieses Artikels eine Organisation kaum ohne irgendeine Form des Managens von Wissen auskommen kann,[3] scheint ein systematisches und bewusstes

---

1 Dr. Volker C. Horsthemke ist Organisationsentwickler, Personal-, Wissens- und Ideenmanager, derzeit Personalleiter in der Privatwirtschaft. E-Mail: volker.horsthemke@outlook.de

2 „Angeblich prägte Karl Wiig den Begriff ‚Knowledge Management' 1986 auf einer Konferenz der ‚United Nations International Labour Organization' in der Schweiz" (Lehner, 2012, S. 30). Die Wurzeln eines systematischen Wissensmanagements werden jedoch bereits den sechziger Jahren zugeordnet (Lehner, 2012, S. 29–30). Wissensmanagement an sich ist vermutlich beinahe so alt wie die Menschheit selbst.

3 Beschäftigt sich Wissensmanagement „mit dem Erwerb, der Entwicklung, dem Transfer, der Speicherung sowie der Nutzung von Wissen" (Frost, 2024) ist es aus Sicht des Autors zwingende Voraussetzung für „das formale Regelwerk eines arbeitsteiligen Systems" (Schewe, 2024), das eine Organisation für sein Funktionieren benötigt.

Wissensmanagement in der Praxis bei vielen Unternehmen immer noch einen schweren Stand zu haben.

Zwischen 2014 und 2017 untersuchte der Autor die Einführung eines Systems des Wissensmanagements im Unternehmen im Rahmen einer Einzelfallstudie (Horsthemke, 2017). Auch in den Jahren danach begleitete er aus der Praxis heraus verschiedene Initiativen eines Auf- oder Ausbaus von Wissensmanagement. Keine dieser Initiativen führte – zumindest während des jeweiligen Beobachtungszeitraums – zu einem erfolgreichen, in sich stimmigen System eines Managements von Wissen. Die Gründe dafür sind facettenreich. Bisweilen lag es unter anderem an mangelnder Konsequenz, nicht ausreichender Aufmerksamkeit durch die Unternehmensleitung oder daran, dass einer Rückkehr zu alten Mustern nicht genug Einhalt geboten wurde. Auch eine unzureichende Differenzierung von Wissens-, Informations- und Datenmanagement oder eine Überhöhung der Bedeutung IT-gestützter Datenmanagementsysteme erwiesen sich bisweilen als hinderlich.

Der vorliegende Artikel beschäftigt sich nun mit der zeitlich jüngsten Beobachtung eines Bestrebens, ein Wissensmanagement im Unternehmen einzuführen, in das der Verfasser dieses Artikels involviert war. Unter den begleiteten Projekten verdient es besondere Aufmerksamkeit, da es eine Komponente enthielt, die bei vielen anderen der beobachteten Initiativen nicht ausgeprägt und zuweilen gar nicht vorhanden war.

Im engeren Sinne ging es bei der Aktivität nicht um das Aufsetzen eines ganzheitlichen Systems eines Wissensmanagements, sondern um die Einführung eines Teilprozesses zur Wissenssicherung und -weitergabe.[4] Die Besonderheit war dabei, dass das beobachtete Unternehmen bereits über ein umfassendes, IT-gestütztes Informations- und Dokumentenmanagement[5] verfügte, das einige Jahre zuvor im Rahmen der Einführung eines prozessmanagementorientierten Managementsystems aufgebaut worden war.

Während Wissensmanagement oftmals schon in der Anfangsphase seiner Implementierung damit zu kämpfen hat, sich von Informations- und/oder

---

4 Vergleiche hierzu die Teilprozesse zu *Wissen bewahren* und *Wissen verteilen* aus dem Kreislauf des Wissensmanagements nach Probst et al. (Probst, Raub, & Romhardt, 2012, S. 34).

5 Wissens-, Informations-, Daten- und Dokumentenmanagement werden häufig als inhaltlich gleich angesehen (Rücker, 2002, S. 35). Im Rahmen dieses Artikels wird Wissensmanagement als etwas verstanden, dass durch Veredelung durch Praxis (Willke, 2007, S. 28) im Menschen (Knaut, 2013, S. 11–12) entsteht und damit von Informations-, Daten- und Dokumentenmanagement abzugrenzen ist.

Datenmanagement abzugrenzen und eine Organisation sich nicht selten damit zufrieden gibt, Wissensmanagement als bereits eingeführt anzusehen, sobald ein Informationsmanagement aufgesetzt ist, bestand hier folglich die Hoffnung, dass die Einführung eines Managens von Wissen als Veredelung durch Praxis (Willke, 2007 , S. 28) im Menschen (Knaut, 2013, S. 11–12) aufgrund des bereits bestehenden Dokumentenmanagements eine gute Aussicht auf Erfolg haben sollte.

Der folgende Artikel untersucht diese Einführung des Prozesses zur Wissenssicherung und -weitergabe in einem mittelständischen Unternehmen.

2.2 Ausgangslage

Zum Zeitpunkt der Beobachtung beschäftigte das betreffende Unternehmen mehrere Hundert Mitarbeitende, circa 60 % davon in der Produktion. Es konnte auf eine eindrucksvolle organische Entwicklung vom Kleinbetrieb zum erfolgreichen Mittelständler zurückblicken. Obwohl die Prozesse sukzessive zunehmend Züge industrieller Produktion angenommen hatten und der Output auf dieser Basis bereits in der Vergangenheit hatte deutlich gesteigert werden können, hatte das Unternehmen noch einige wesentliche Charakterzüge einer Manufaktur beibehalten.

In Bezug auf das Wertesystem war auffällig, dass Merkmale unterschiedlicher organisationaler Entwicklungsstufen,[6] die in Parallelität zu koexistieren schienen, wahrnehmbar waren Sie schienen dabei einzelnen Leitungsfunktionen

6 Zur losen Kategorisierung organisationaler Entwicklungsstufen im Rahmen dieses Artikels wird auf die von Don Beck geprägten Spiral Dynamics (Beck & Cowan, 2005) verwiesen. Don Beck unterscheidet verschiedene gesellschaftliche Entwicklungsstufen, die er nach Farben ordnet: Beige (Instinkt), Purpur (Rituale), Rot (Macht), Blau (Bürokratie), Orange (Ergebnisorientierung), Grün (Beziehungsorientierung), Gelb (systemisch), Türkis (holistisch). Während die Entwicklung von einer Stufe auf die nächste dabei zeitlich gesehen nach dem Verständnis der Spiral Dynamics konsekutiv erfolgt, ist es auch möglich, dass verschiedene Stufen gleichzeitig existieren. Ist letzteres der Fall, müssen die Entwicklungsstufen grundsätzlich ausreichend voneinander abgegrenzt sein, beispielsweise kulturell. Don Beck geht ferner davon aus, dass die Entwicklung auf eine höhere Stufe voraussetzt, dass die jeweils vorgelagerte Stufe bereits erreicht war. Übertragen auf das Wissensmanagement in einer Organisation haben diese Entwicklungsstufen eine besondere Bedeutung. Ein Dokumentenmanagement wird es in durch Instinkt, Macht oder Rituale geprägten

zuordenbar.[7] So waren sowohl holakratische (gelb) als auch spirituelle[8] (lila) Leitformen sowie eine prozessuale Dominanz einfordernde, rahmengebende Prozessorientierung (blau) beobachtbar. Führung und Zusammenarbeit wiesen Züge einer Beziehungsorientierung (grün) auf. Nach einer unternehmerischen Entscheidung, stärker auf Wachstum zu fokussieren, waren zuletzt vermehrt Führungskräfte mit einer Ergebnisorientierung (orange) eingestellt worden.

Die blaue Prägung war für diese Untersuchung besonders bedeutend, da sie mit dem IT-basierten Informationsmanagement, das Teil eines durchkonstruierten Business Process Managements (BPM) war, ein zentrales Element für ein Wissensmanagements bereitstellte. Alle relevanten Unternehmensprozesse waren dabei ausführlich, teilweise sogar minutiös beschrieben und im Dokumenten- und Prozessmanagementsystem digital abgelegt sowie (im Wesentlichen allgemein) zugänglich. Ein Prozess galt grundsätzlich erst dann als eingeführt und abschließend dokumentiert und freigegeben, wenn auch die entsprechenden Instrumente, deren Form jedoch nicht vorgegeben war, etabliert waren. Mit Blick auf ein Wissensmanagement waren beispielweise bereits die Prozesse zu Onboarding/Einarbeitung und Exit Debriefing prinzipiell angelegt. Die Kontrolle der Einhaltung der Prozesse erfolgte über interne, von der

---

Organisationsformen vermutlich schwer haben. Hingegen ist anzunehmen, dass bürokratieorientierte Organisationsformen einen leichteren Zugang zum Dokumentenmanagement haben. Wieder anders verhält es sich sicherlich mit beziehungsorientierten Organisationsformen, denen es wiederum leichter fallen sollte, Wissen und Erfahrung interpersonell auszutauschen und zu vergemeinschaften, womit sich durch Instinkt, Macht oder Rituale geprägte, aber auch bürokratische Organisationsformen vermutlich wiederum schwerer tun. In Bezug auf das Beobachtungsobjekt wäre zu erwarten, dass es Wissensmanagement mit dem Ziel der Veredelung von Wissen durch Praxis in einer holakratisch orientierten Organisationsform, die über ein bestehendes bürokratieorientiertes Dokumentenmanagement verfügt, leicht haben sollte.

7 Die Führungsphilosophie, die zum Zeitpunkt des Beginns der wissenschaftlichen Untersuchung vorherrschte, basierte auf einem holakratischen Ansatz, bei dem jeder Prozess als ein eigenständiges Holon verstanden wurde und ein Prozessverantwortlicher für das Funktionieren des eigenen Prozesses innerhalb des Gesamtsystems verantwortlich war („Prinzip, etwas als Teil eines Ganzen aufzufassen" (Schermuly, 2024)). Innerhalb der einzelnen Holons wiederum hatten sich nach Wahrnehmung des Beobachters unterschiedliche Führungs- und Managementpraktiken etabliert, die durch die von der jeweiligen Führungskraft bevorzugten Vorgehensweise geprägt waren.

8 In einer experimentellen Phase wurde beispielsweise in den Führungsebenen mit indianischen Einflüssen gearbeitet.

Abteilung Qualitätsmanagement durchgeführte Audits, wobei in den Abteilungen der Produktion vielfach *Layered Process Audits*[9] zum Einsatz kamen.

Die Erwartungshaltung des Unternehmens war nun, dass auf Basis des bestehenden Business Process Managements als Instrument der Qualitätssicherung auch das in der ISO 9001 geforderte Wissensmanagement abgedeckt werden sollte. Zentrale Bausteine sollten Wissenssicherung und das Rückspielen bewahrten Wissens in die Prozesse sein.

2.3 Ziel der Untersuchung

Aus Sicht eines wissenschaftlichen Forschers kann die Einführung eines Prozesses zum Wissenstransfer, der grundsätzlich nur einen Teilprozess eines Wissensmanagements darstellt, belanglos erscheinen. In der untersuchten Organisation bestand eine wesentliche Hürde darin, innerhalb des Wissensmanagements ein bestehendes System zum Daten- und Dokumentenmanagement vom reinen Datenmanagement und seiner technischen Umsetzung abzugrenzen.[10] Unter der Annahme, dass somit sowohl die technischen Voraussetzungen geschaffen sind als auch bei den Entscheidungsträgern das Verständnis vorhanden sein müsste, dass Wissensmanagement etwas anderes ist

---

9 Bei Layered Process Audits (LPA) findet die Auditierung auf Basis von Standardvorgaben über die jeweilige Führungskraft (über die verschiedenen Führungsebenen hinweg) statt, so dass bei Abweichung das sofortige Einleiten von Korrekturmaßnahmen möglich ist (Zeller, 2023).

10 In der Literatur wird vortrefflich diskutiert, wo die Grenzen zwischen Daten-, Informations- und Wissensmanagement liegen. „Im Kontext des Wissensmanagement besteht die Tendenz, von *Datenmanagement* zu sprechen, wenn es um den Einsatz von Informationstechnologie geht“ (Reinmann, 2009, S. 34). „Informations- und Wissensmanagement sind [jedoch] zu wichtig, um sie den EDV-lern zu überlassen“ (Zimmer, 2015, S. 19) „Wissens- und Informationsmanagement befinden sich immer in dem Bereich zwischen der Bestimmung bzw. der Formulierung betrieblicher Anforderungen und Bedürfnisse und der technischen Umsetzung dieser Anforderungen“ (Zimmer, 2015, S. 20). „Da es im Informations- und Wissensmanagement um die Steuerung und Stimulierung von Informations- und Wissensflüssen und nicht bloß um die Bereitstellung von Hard- und Software geht, haben sie in weiten Teilen sogar nur wenig mit der eigentlichen Datenverarbeitungstechnik zu tun“ (Zimmer, 2015, S. 21). Eine Abgrenzung von Daten- und Informationsmanagement von einem Wissensmanagement ist ebenfalls nicht trivial. „Eine genauere (...) Definition von Wissensmanagement erscheint nahezu unmöglich“ (Reinmann, 2009, S. 29). Einerseits ist Wissen, das im Rahmen dieses Artikels als Veredelung von Wissen durch Praxis (Willke, 2007, S. 28) im Menschen (Knaut, 2013, S. 11–12) verstanden

als Datenmanagement, kann ohne Weiteres der Eindruck entstehen, dass eine dezidierte Untersuchung dazu wenig wissenschaftlich verwertbare Resonanz erzeugen kann. Aus Sicht des Autors liegt allerdings genau hierin das Interesse begründet, diesen vermeintlich trivialen Fall zu untersuchen und zu überprüfen, ob es für eine erfolgreiche Einführung eines Wissensmanagements oder eines seiner Teilprozesse ausreichend ist, dass eine technische Lösung zum Datenmanagement vorliegt. Im Kern geht es dabei um folgende Fragen:

- Ist das Bestehen eines Datenmanagements hinreichende Voraussetzung dafür, dass auf das Schaffen der technischen Voraussetzung für ein Wissensmanagement auch eine verstandesmäßige Abgrenzung von Daten- und Wissensmanagement folgt?
- Ist es förderlich für die Einführung eines Wissensmanagements (oder eines seiner Teilprozesse), dass vor seiner Einführung bereits ein Datenmanagement bestanden hat?

2.4 Methodik

Der vorliegenden Untersuchung liegt eine ethnographische Enzelfallstudie zugrunde. Ethnographie ist ein Ansatz qualitativer Forschung, bei der der Forscher versucht, zum Beispiel über Beobachtungen oder Interviews Phänomene aus dem Innern einer Organisation oder Kultur heraus zu untersuchen (Marczyk, DeMatteo, & Festinger, 2005, S. 17). Eine ethnographische Einzelfallstudie zieht dabei ihre Erkenntnisse aus der profunden Beobachtung eines einzelnen Phänomens (Brüsemeister, 2008, S. 55) in einem existierenden Kontext in der Gegenwart (Yin, 2003, S. 13), bei dem der Autor selbst interaktiver Teil der beobachteten Umwelt ist (Szabo, 1998, S. 62). Sie zielt darauf ab, divergierende Interpretationen kritisch zu reflektieren und zu bewerten (Hammersley & Atkinson, 2007, S. 4), um so Fragestellungen oder Hypothesen für weitere Forschung zu generieren oder kausale Zusammenhänge zu erforschen (Yin, 2003, S. 5–6).

---

werden soll, von Daten und Information abzugrenzen. Andererseits ist der Aspekt des Managens von Wissen zu adressieren, der im Rahmen dieses Dokuments dem folgenden Definitionsversuch folgt: „Wissensmanagement aus psychologischer Sicht versucht, menschliche Phänomene in Form von Kognition, Motivation, Emotion und sozialer Interaktion zu verstehen und zu nutzen, wenn es um den Umgang mit Wissen geht“ (Reinmann & Eppler, 2008, S. 26).

2.5 Ergebnis der Beobachtung

Die Basis für die Einführung der Wissensmanagementprozesse zu Wissenssicherung und -weitergabe war in der untersuchten Organisation – wie bereits eingangs ausgeführt – ausgesprochen gut. Jedoch muss konstatiert werden, dass sie dennoch nicht von Erfolg gekrönt war. Keiner der beiden Prozesse konnte Einzug in die organisationalen Routinen halten. Das Wissensmanagement blieb vor dem Hintergrund der im Rahmen dieses Artikels gewählten Definition als eine Form der Steuerung (Reinmann & Eppler, 2008, S. 26) der Veredelung von Wissen durch Praxis (Willke, 2007, S. 28) im Menschen (Knaut, 2013, S. 11–12) auf sein Datenmanagement beschränkt.

Die Wissenssicherung erfolgte unter anderem deshalb nicht konsequent, weil die grundsätzlich bereits in den Prozessen angelegten Interviews zu den *Exit Debriefings* bei Ausscheiden eines Mitarbeiters (aber auch bei einem internen Positionswechsel), die bisher unverbindlich gewesen waren, auch weiterhin freiwillig und somit unverbindlich bleiben sollten. Ob ein Mitarbeiter sich bereit erklärte, das dafür bereitgestellte Dokument, bei dem es ohnehin im Kern weniger um die Weitergabe von Erfahrung als um eine Rückmeldung zu Verhalten und Wirken der Führungskraft, zu den Unternehmenswerten und zu den Gründen für das Ausscheiden ging, auszufüllen, lag allein in seiner eigenen Entscheidung. Ferner gab es weder im Dokument selbst eine Möglichkeit, Erfahrungswissen im relevanten Umfang festzuhalten, noch konnte ein grundsätzliches Verständnis entstehen, dass Erfahrung leichter über einen direkten interpersonellen Austausch übergeben werden kann als über den Umweg über die Verschriftlichung in einem Dokument. Oft bestand keine erkennbare Bereitschaft, Zeit für eine direkte Wissensübergabe bereitzustellen. Selbst die Anpassung des Dokuments an sich wurde als nicht förderlich eingeschätzt. Zudem wurde daran festgehalten, dass Rückmeldungen anonym bleiben sollten.

Ergänzend muss Erwähnung finden, dass die Anregung, eine weitere Ebene des direkten Austausches von (insbesondere) Erfahrungswissen zwischen Wissensgeber (scheidender Mitarbeiter) und Wissensnehmer (übernehmender oder neuer Mitarbeiter) einzuführen, zwar sporadisch (in der Regel vom scheidenden Mitarbeiter selbst) angenommen und gegebenenfalls ein Termin für einen Wissenstransfer angeboten wurde, der Prozess jedoch nicht systemisch verankert werden sollte. Häufig wurde das aktive, freiwillige Angebot zur Wissensweitergabe durch einen scheidenden Mitarbeiter nicht einmal vom potenziellen Empfänger des Wissens angenommen. Als Grund wurde meist die dadurch entstehende zusätzliche Arbeitsbelastung angeführt, die wegen der Anforderungen aus dem Tagesgeschäft als nicht realisierbar eingeschätzt wurde.

Neben der Tatsache, dass allein aus vorab beschriebener, nicht gezielt durchgeführter Wissenssicherung in der Regel kein zu übergebendes (Erfahrungs-) Wissen vorlag oder kein Wissensgeber zur Verfügung stand, war weiterhin beobachtbar, dass auch die Einspeisung von Wissen im Rahmen der Einarbeitung trotz des beschriebenen und grundsätzlich verbindlichen Prozesses nicht konsistent erfolgte. Dies kann als überraschend gewertet werden, da aufgrund der sehr guten, im Managementsystem hinterlegten Information eine solide Basis für die Weitergabe von Wissen und seine Veredelung durch (angeleitete) Praxis oder seine Einführung in die Praxis im Rahmen von Einarbeitung und Onboarding angelegt war. Allerdings stellte sich heraus, dass unterschiedliche Führungskräfte auf unterschiedliche Instrumente der Einarbeitung, die sich im Laufe der Zeit entwickelt hatten, zurückgriffen.

Die Abteilungen aus der Verwaltung nutzten teilweise eine Art On-the-Job-Training, bei dem zwar aktuelles Praxis- und in Teilen Erfahrungswissen, jedoch nicht zwingend das im Managementsystem hinterlegte Informationswissen weitergeben wurde. Das Praxiswissen deckte sich nicht zwingend mit dem im Managementsystem gespeicherten Wissen, da sich Informationsgrundlage und Praxis nicht selten entkoppelt hatten. Aus den Rückmeldungen der Prozessverantwortlichen lässt sich ableiten, dass dies primär am hohen Aufwand zur Pflege des Managementsystems lag, das folglich nicht mit den in der Praxis vorgenommenen Veränderungen mithalten konnte und entsprechend nicht zwingend aktuell war. Ob bzw. wie eine Einarbeitung erfolgte, war zudem nicht einheitlich geregelt, sondern lag in der Verantwortung der Prozessverantwortlichen, die in der Regel auch die Führungskraft der jeweiligen Abteilung waren.

Gleiches galt im Wesentlichen für die Abteilungen der Produktion. Auch dort war die Einarbeitung abhängig von der jeweiligen Führungskraft. Allerdings wurde hier grundsätzlich wesentlich häufiger auf das im Managementsystem gespeicherte Wissen zurückgegriffen. Die Form des Zugriffs auf die gespeicherte Information variierte jedoch auch hier in Abhängigkeit von der jeweiligen Führungsperson. So orientierte man sich in einigen Abteilungen zur Einarbeitung neuer Arbeitskräfte an der jeweiligen Arbeitsplatzbeschreibung. Andere nutzten das *Layered Process Audit*. Es gab jedoch auch Führungskräfte, die Training on-the-Job praktizierten und sich nicht oder nur sporadisch der im Managementsystem hinterlegten Information bedienten. Es konnte ebenfalls beobachtet werden, dass gar keine konsequente, an der gespeicherten Information orientierte Einarbeitung stattfand. Auch die Quellen der Information waren unterschiedlich, so dass sowohl Erfahrungswissen ohne direkten Bezug zur gespeicherten Information weitergeben wurde als auch direkt die Information aus dem Dokumentenmanagement, aber auch andere Unterlagen – wie zum Beispiel aus dem Dokumentenmanagement abgeleitete oder selbst erstellte Dokumente – genutzt wurden.

Um diesem Problem Herr zu werden, fasste die Leitung der Produktion den Entschluss, ein einheitliches Vorgehen für alle Unterabteilungen einzuführen. Hierzu sollte die bereits im Managementsystem abgelegte Information als Basis genutzt, jedoch in ein neues, für alle bindendes System überführt werden. Das neue System basierte auf Excel und hatte als zentrale Aufgabe, einen für alle Unterabteilungen verbindlich einzuhaltenden Prozess, der auch Sanktionen bei Nichteinhaltung vorsah, einzuführen. Zunächst wurde dieser Prozess gut angenommen und auch eingehalten, entwickelte jedoch schnell erneut ein Eigenleben. Schlussendlich nutzten einzelne Unterabteilungen den neuen Prozess, andere jedoch bedienten sich nur ausgewählter Elemente hieraus. Teilweise kehrten sie auch zu ihren alten Routinen zurück.

Als wesentlicher Grund für dieses Ausscheren aus dem neuen Prozess wurde von den betroffenen Personen mehrheitlich angegeben, dass das neue Instrument aufgrund der vielen Menschen, die unterschiedlich damit arbeiteten und auch Veränderungen in der Basisdatei vorgenommen hatten, seine Konsistenz und Verlässlichkeit und schlussendlich sogar seine ganze Funktionalität verloren hätte. Zurückzuführen ist dies vermutlich darauf, dass eine auf Excel basierte Lösung leicht veränderbar ist und eine hohe Grundkompetenz im Umgang mit dieser Software sowie ein geteiltes Verständnis voraussetzt, und dass Änderungen in der Basisdatei nicht eigenmächtig oder unabgestimmt vorgenommen werden dürfen, was augenscheinlich nicht gegeben war.

Dass auch eine Fehleranalyse und Überarbeitung der Excelprogrammierung nicht stattfanden, liegt vermutlich daran, dass das Instrument an sich nicht mit entsprechender Verantwortung vom extern beauftragten Programmierer übergeben worden war, so dass sich schlussendlich niemand für das Instrument verantwortlich fühlte und folglich auch keine Verbesserungen vorgenommen wurden.

2.6 Schlussfolgerungen und Fazit

Ziel der diesem Artikel zu Grunde liegenden Untersuchung war, zu überprüfen, ob das Bestehen eines Datenmanagements in einer Organisation förderlich für das Entstehen eines Wissensmanagements ist. Auf Basis der vorgenommenen Einzelfallstudie kann als Ergebnis nicht abgeleitet werden, dass ein existierendes Datenmanagement allein hinreichende Voraussetzung dafür ist, dass trotz vorliegender Bereitschaft der Organisation bzw. seiner Leitung die Einführung einer Form von Wissensmanagement gelingt. Vielmehr hatte es den Anschein, als ob sich die Organisation mit dem Datenmanagement zufriedengab und eher gleichgültig, fast schon ablehnend darauf reagierte, als ihr aufgezeigt wurde, dass Wissensmanagement über ein Datenmanagement hinaus weitere Voraussetzungen braucht.

Während es zu Beginn der Untersuchung weder aus wissenschaftlicher noch organisationaler Sicht ein formuliertes Anliegen gewesen war, den kulturellen Aspekt zu betrachten, scheint er aus Sicht des Beobachters jedoch eine Rolle im Zusammenhang mit der Resistenz der Organisation in Bezug auf die Einführung eines Wissensmanagements gespielt zu haben.

Wie im Kapitel zur Ausgangslage beschrieben, konnte das Bestehen unterschiedlicher Subkulturen beobachtet werden, die in Parallelität zu koexistieren schienen. Während sie in den Abteilungen der Verwaltung zumindest anteilig noch der unter anderem in Form von Werten und Leitbildern beschriebenen Leitkultur folgten, hatte es den Anschein, als ob insbesondere die produzierenden Bereiche eine eigene Subkultur entwickelt hatten, die andere Kernwerte hatte, oder die Leitwerte zumindest abweichend interpretierte.

Das Business Process Management schien eine Brücke zwischen den beiden Kulturen schlagen zu wollen, hatte jedoch eine ausgeprägte Selbstreferenz,[11] die zur Entwicklung einer weiteren, zwischen den beiden Subkulturen liegenden eigenen Subkultur geführt hatte. Diese war zwar detailliert ausgearbeitet, überforderte die anderen beiden Subkulturen jedoch vermutlich genau dadurch. Je weniger die anderen Systeme auf Impulse aus dem Business Process Management reagierten, umso stärker war ein Bestreben beobachtbar, die Einhaltung der dokumentierten Prozesse zu forcieren.

Hinzu kam, dass die Pflege des Managementsystems aus Sicht der hierfür verantwortlichen Personen mehr Kapazität benötigte als das Unternehmen zur Verfügung stellte. Somit konnte nicht gewährleistet werden, dass die beschriebenen Prozesse auf neue Anforderungen hin angemessen schnell und inhaltlich stimmig angepasst wurden. Folglich divergierten beschriebene und gelebte Prozesse unter Umständen. Da das Managementsystem jedoch auch die Basis für externe Überprüfungen (wie beispielsweise Auditierungen) umfasste,

11 „Selbstreferenz meint die Operationsweise eines Systems, bei welcher die Reproduktion der Einheit des Systems die Bedingung der Möglichkeit von Umweltkontakten (Fremdreferenzen) aufgibt“ (Willke, 2001, S. 31).

entwickelten die jeweiligen Subkulturen eigene, voneinander unabhängige Workarounds zur Erfüllung ihrer jeweiligen Auflagen, die nicht konsequent miteinander verbunden waren. Da zudem kein Mechanismus der Belohnung oder Sanktion bestand, konnte sich das lediglich auf Freiwilligkeit fußende Wissensmanagement nicht durchsetzen.

Aus der Beobachtung lässt sich ableiten, dass Wissensmanagement eine in der Organisation vergemeinschaftete Basis braucht. Selbstreferenz scheint eine bedeutende Rolle zu spielen. Während sie die Gefahr birgt, aus der Außenwelt stammende Risiken möglicherweise nicht oder nicht rechtzeitig zu erkennen, scheint sie – auf ein ganzes System bezogen – eine für die Einführung eines Wissensmanagements förderliche operative Geschlossenheit der gesamten Organisation herstellen zu können, die stabilisierend wirken und das Entstehen einer kollektiven Identität und Organisationskultur fördern kann (Reinmann, 2009, S. 50).

Ein Datenmanagement ist zwar in der Regel eine Voraussetzung für ein Wissensmanagement, seine reine Existenz bedeutet jedoch offensichtlich nicht, dass sich ein Wissensmanagement (leichter) bilden kann. Ein Datenmanagement ist vermutlich meist eine notwendige, aber keine hinreichende Voraussetzung für die Implementierbarkeit eines Wissensmanagements im Unternehmen. Es bedarf weiterer Maßnahmen.

Während sicherlich Aktivitäten zur Sensibilisierung und Vergemeinschaftung sowie Trainings sinnvoll sind, erscheint jedoch die top-down gewollte, unterstützte, geförderte und geforderte Integration von Wissensmanagement in die Prozesse der täglichen Routine eher als hinreichende Komponente für den Erfolg eines Wissensmanagements geeignet. Ferner scheint sich zu bestätigen, dass Wissensmanagement trotz Vorliegen förderlicher Rahmenbedingungen ein eigenständiger, voraussetzungsreicher Veränderungsprozess ist (Horsthemke, 2021, S. 33), der ausreichend Aufmerksamkeit braucht und durch ein eigenes Change Management begleitet werden sollte (Mittelmann, 2024, S. 9–10).

Literaturverzeichnis

Beck, D. E., & Cowan, C. C. (2005). *Spiral Dynamics: Mastering Values, Leadership and Change.* Wiley-Blackwell.

Brüsemeister, T. (2008). *Qualitative Forschung – Ein Überblick.* Wiesbaden.

Frost, J. (24.02.2024). *Gablers Wirtschaftslexikon.* https://wirtschaftslexikon.gabler.de/definition/wissensmanagement-47468

Hammersley, M. T., & Atkinson, P. (2007). *Ethnography – Principles in Practice.* London.

Horsthemke, V. C. (2017). *Zur Implementierbarkeit eines Systems des Wissensmanagements im Unternehmen.* Friedrichshafen: Repositorium der Zeppelin Universität Friedrichshafen.

Horsthemke, V. C. (2021). Wissensmanagement ist Wandel. In B. F. Seyr, *Multidisziplinäre Perspektiven im Innovations- und Wissensmanagement* (S. 13–36). Berlin.

Knaut, C. (2013). Wissensmanagement ist doch auch (k)eine Lösung. *Wissensmanagement – das Magazin für Führungskräfte*, 5/2013, Ausgabe August/September, S. 10–12.

Lehner, F. (2012). *Wissensmanagement: Grundlagen, Methoden und technische Unterstützung.* München.

Marczyk, G., DeMatteo, D., & Festinger, D. (2005). *Essentials of Research Design and Methodology.* Hoboken (NJ).

Mittelmann, A. (21.01.2024). *Wissensmanagement und Change Management – ein siamesisches Zwillingspaar.* https://www.artm-friends.at/am/publications/2017_Mittelmann_WIMA2016_wm-cm_siamesisches_Zwillingspaar.pdf

Probst, G. J., Raub, S. P., & Romhardt, K. (2012). *Wissen managen: Wie Unternehmen ihre wertvollste Ressource optimal nutzen.* Wiesbaden.

Rücker, B. (2002). Überlebensfrage für Großunternehmen und mittelständische Wirtschaft – das neue magische Dreieck: Human Ressource, Organisation und IT-Basis. In F. J. Radermacher (Hrsg.), *Wissensverarbeitung und Gesellschaft,* Band *19.* Ulm: Publikationsreihe der FAW Ulm.

Reinmann, G. (2009). *Studientext Wissensmanagement.* Augsburg: Philosophisch-Sozialwissenschaftliche Fakultät der Unversität Augsburg, Institut für Medien und Bildungstechnologie/Medienpädagogik.

Reinmann, G., & Eppler, M. J. (2008). *Wissenswege: Methoden für das persönliche Wissensmanagement.* Bern.

Schermuly, C. C. (13.01.2024). *Holacracy: Die holokratische Organisation.* Haufe Akademie. https://www.haufe.de/personal/hr-management/new-work-moderne-formen-der-arbeitsgestaltung/holacracy-die-holokratische-organisation_80_406704.html

Schewe, G. (22.02.2024). *Gablers Wirtschaftslexikon.* https://wirtschaftslexikon.gabler.de/definition/organisation-45094

Szabo, E. (1998). *Organisationskultur und Ethnographie.* Wiesbaden.

Willke, H. (2001). *Systemisches Wissensmanagement.* Stuttgart.

Willke, H. (2007). *Einführung in das systemische Wissensmanagement.* Heidelberg.

Yin, R. K. (2003). *Case Study Research – Design and Methods.* Thousand Oaks.

Zeller, E. (29.11.2023). *QZ-online.de.* https://www.qz-online.de/a/grundlagenartikel/layered-process-audit-316817

Zimmer, M. (Februar 2015). Informations- und Wissensmanagement. *Berufsbegleitender Bachelorstudiengang – Business Administration in mittelständischen Unternehmen (B.A.).* Oldenburg: Carl von Ossietzky Universität Oldenburg – Center für lebenslanges Lernen der C 3L.

Caspar von der Crone[1]

3. Chancen der ökologischen Erzeugung am Beispiel der Bio-Initiative: System- und Zertifizierungsvorgaben für Verbraucherschutz und mehr Tierwohl

Zusammenfassung: Das Wort Akkreditierung steht für Glauben schenken und bedeutet das Resultat von Bewertungsleistungen in allen Wirtschaftssektoren. Akkreditierungen bestätigen, dass die akkreditierten Stellen über Kompetenz und Unparteilichkeit verfügen, um die Konformität von Produkten und Dienstleistungen mit den Vorschriften und Standards zu überprüfen. Das Umfeld ist damit sehr vielschichtig. Das betrifft auch den Bereich der ökologischen Produktion und insbesondere die Verlässlichkeit des Herstellungsprozesses von Lebensmitteln nach bestimmten Vorgaben. Grundlage hierfür ist die DIN EN ISO/IEC 17065 für Produkte, Prozesse und Dienstleistungen. Die Norm umfasst u. a. die Erstprüfung und Begutachtung der Qualitätsmanagementsysteme, deren Überwachung und die Prüfung von Erzeugnissen entlang der gesamten Prozesskette bis zum Inverkehrbringen. Produktsicherheit ist mit der Herkunftssicherung, der Rückverfolgung im Fall von Beanstandungen und gesundheitlichen Risiken verbunden.

Das ist die Vorgabe der IG Bio-Initiative e.V., Interessengemeinschaft ökologischer Landwirte für Standards, Kontrolle und Verifizierung im Bereich der ökologischen Erzeugung. Die Förderung des ökologischen Landbaus, Verbraucherberatung, Verbraucherinformation, Verbraucherschutz und die Förderung des Tierschutzes sind hierfür die Basis. Am Beispiel der Bio-Initiative sollen in diesem Beitrag die Vorzüge und Inhalte mit den dazu gehörenden Problemstellungen dargestellt werden.

Schlagworte: Konsumentenschutz, Tierschutz, Ökologie, Qualitätsmanagement, Akkreditierung

3.1 Ausgangssituation und allgemeine Vorgaben

Die Vorgaben der EU-Bestimmungen über die ökologische Produktion und die Kennzeichnung von ökologischen Erzeugnissen sind Grundlagen für den Verband IG Bio-Initiative (Interessengemeinschaft Bio-Initiative). Ziel ist ein Standard, der sowohl die Interessen der ökologischen Erzeuger von biologisch

1 Dipl.-Ing. agr., Dr. phil. Caspar von der Crone ist geschäftsführender Vorstand IG Bio-Initiative und CEO der CD Consulting gUG. E-Mail: info@cvdc.de

erzeugten pflanzlichen und tierischen Produkten zur Differenzierung gegenüber Mitbewerbern abdeckt als auch die Wünsche der Verbraucher hinsichtlich des Umweltschutzes, Tierschutz und der Tiergesundheit.

Dabei spielt die Erarbeitung von Vorgaben und einer klaren Positionierung für die Umsetzung in der Praxis eine entscheidende Rolle. Sie sind Hauptbestandteil und Herzstück eines ökologisch orientierten Systems im Interesse der Marktbeteiligten und Verbraucher.

Zertifizierungsprogramme richten sich an Systemteilnehmer und Zertifizierungsstellen. Die Evaluierungen, Bewertungen und Zertifizierungsentscheidungen zur Feststellung der Konformität sind gemäß den Vorgaben der Bio-Initiative als Standardgeber durchzuführen und einzuhalten. Diese sind für alle am Konzept/System teilnehmenden Betriebe bindend. Die Bio-Initiative hat einen jährlichen Zertifizierungszyklus.

Das Zertifizierungsprogramm der Bio-Initiative basiert auf der Norm DIN EN ISO/IEC 17065, mit Anforderungen entlang der gesamten Prozesskette, um Produkte, Prozesse und Dienstleistungen zu zertifizieren. Die Norm formuliert die allgemeinen Anforderungen an akkreditierte Zertifizierungsstellen.

Das Konzept ist verbindlich, unabhängig von dem jeweiligen Standard und der Version der IG Bio-Initiative. Es stellt Anforderungen an die Kompetenz, die einheitliche Arbeitsweise und die Unparteilichkeit von Zertifizierungsstellen für die Prüfung von Unternehmen, die sich nach dem Standard der Bio-Initiative zertifizieren lassen. Für die Kennzeichnung der Produkte bestätigt ein Zertifikat die Erfüllung der Vorgaben bzw. berechtigt zur Nutzung eines entsprechenden Logos der Bio-Initiative.

3.2 Gesetzliche Grundlagen und Literatur

Grundlage sind die in der DIN EN ISO/IEC 17065:2012 und der DIN EN ISO/IEC 17067:2013 (Grundlagen der Konformitätsbewertung, DIN-Taschenbuch 294) aufgeführten normativen Verweise sowie dieses Zertifizierungsprogramm, das von allen Zertifizierungsstellen angewandt werden muss und den Standard für die Evaluierung und Zertifizierung der Bio-Initiative darstellt.

Im verwaltungsrechtlichen Bereich zur Frage und Umsetzung der Akkreditierung von Studiengängen gibt es zahlreiche Literaturquellen, insbesondere im Zuge des sog. Bologna-Prozesses zur Weiterentwicklung der nationalen Hochschulsysteme in Europa und zur Qualifizierung von Fachkräften für den Arbeitsmarkt und des wissenschaftlichen Nachwuchses (European Education Area).

Im Lebensmittelbereich sind die Normen für Managementprogramme maßgebend. Dazu gehören u. a.:

- DIN EN ISO 9000:2005, Qualitätsmanagementsysteme, Grundlagen und Begriffe
- DIN EN ISO 9001, Qualitätsmanagementsysteme, Anforderungen
- DIN ISO 10002, Qualitätsmanagement, Kundenzufriedenheit, Leitfaden für die Behandlung von Reklamationen
- DIN EN ISO 19011, Leitfaden zur Auditierung von Managementsystemen
- DIN EN ISO/IEC 17000, Konformitätsbewertung, Begriffe und allgemeine Grundlagen
- DIN EN ISO/IEC 17020, Allgemeine Kriterien für den Betrieb verschiedener Typen von Stellen, die Inspektionen durchführen
- DIN EN ISO/IEC 17021, Konformitätsbewertung, Anforderungen an Stellen, die Managementsysteme auditieren und zertifizieren
- DIN EN ISO/IEC 17024, Zertifizierungsstellen für Personen
- DIN EN ISO/IEC 17025, Allgemeine Anforderungen an die Kompetenz von Prüf- und Kalibrierlaboratorien
- DIN EN ISO/IEC 17030, Konformitätsbewertung, allgemeine Anforderungen an Konformitätszeichen
- DIN EN 45011:1998, frühere Ausgabe der jetzigen EN ISO/IEC 17065:2012 zur Konformitätsbewertung

Für die ökologische Produktion gelten des Weiteren gesetzliche Grundlagen der Öko-Verordnung (EU) Nr. 2018/484 vom 30. Mai 2018 und die Durchführungsbestimmungen (EU) Nr. 2020/464 vom 26. März 2020 mit Inkrafttreten 1. Januar 2022, außerdem Bestimmungen der jeweils aktuellen Fassung und Ergänzungen sowie spezifische Vorgaben zur Vermarktung und Kennzeichnung von tierischen Erzeugnissen, die in den EU-Vermarktungsnormen für Eier und Geflügel der jeweils geltenden Fassung verpflichtend sind. Der Anwendungsbereich des Tierschutzgesetzes und der Tierschutz-Nutztierhaltungsverordnung, der Lebensmittelkennzeichnungsverordnung (LMKV) sowie spezifische Kriterien der IG Bio-Initiative sowie weitergehende Vorgaben der Bundesländer und der Länderarbeitsgemeinschaft Ökologischer Landbau (LÖK). Für die Teilnehmer der Bio-Initiative gelten darüber hinaus definierte Prüfsystematiken, die über unabhängige externe Kontrollen geprüft und bewertet werden. Hierfür sind die Vorgaben der EN ISO/IEC 17065 maßgebend.

3.3 Problemstellung

Im ökologischen Bereich gibt es bisher nur eine geringe Bereitschaft, sich einem Akkreditierungsprogramm anzuschließen. Das ist zum einen in den hierarchischen und sehr bürokratischen Vorgaben der Akkreditierungsstellen begründet, zum anderen spielen hohe Kosten eine entscheidende Rolle. Der Zertifizierungsprozess unterliegt einer ständigen Kontrolle und schränkt innovative Fortschritte der Standardprogramme in gewisser Weise ein. Es folgen Wiederholungsbegutachtungen, die mit hohen Kosten verbunden sind. Das Intervall für einen Akkreditierungszyklus beträgt maximal 5 Jahre. In diesem Zeitraum erfolgen zur Feststellung der fachlichen Kompetenz der akkreditierten Stelle regelmäßige Kontrollen. Änderungen der Vorgaben bedürfen ggf. weiterer Anpassungen und unter Umständen einer erneuten Zulassung, da bestimmte Vorgaben anderen Regelungen im Akkreditierungsverfahren widersprechen können. Auch im konventionellen Bereich gestaltet sich der Prozess schwierig und auch hier ist die Umsetzung mit hohem Aufwand verbunden.

Obligatorisch ist dagegen die Akkreditierung für Zertifizierungsstellen, die mit den Kontrollen beauftragt werden. Das gilt auch für Labore und andere Stellen, die im Prozess eingebunden sind.

Die European Accreditation (EA) wurde von der Europäischen Kommission in der Verordnung (EG) Nr. 765/2008 offiziell mit der Entwicklung und Aufrechterhaltung eines multilateralen Abkommens zur gegenseitigen Anerkennung, dem EA MLA, beauftragt, das auf einer harmonisierten Akkreditierungsinfrastruktur basiert.

Die EA hat derzeit 49 Mitglieder. Bei den EA-Mitgliedern handelt es sich um nationale Akkreditierungsstellen (NAB), die von ihren nationalen Regierungen offiziell anerkannt sind, um Organisationen, die Konformitätsbewertungstätigkeiten wie Zertifizierung, Verifizierung, Inspektion, Prüfung und Kalibrierung durchführen, anhand internationaler Normen zu bewerten und zu überprüfen.

Die Deutsche Akkreditierungsstelle (DAkkS) ist für die nationale Akkreditierung zuständig und wirbt mit dem Zugang für die Qualitätsinfrastruktur „Made in Germany“, womit sich Unternehmen im Wettbewerb behaupten und ein hohes Maß an Leistung und Qualität sicherstellen können. Das ist auch die Motivation der Bio-Initiative, sich einer solchen Anforderung zu stellen. Eine Antragsstellung bei der DAkkS ist nicht zwingend nötig, denn Anträge können auch bei anderen in Europa ansässigen Akkreditierungsstellen eingereicht werden. Auch außerhalb der EU, wie zum Beispiel in den USA, ist eine Antragstellung möglich, im Ergebnis entspricht die Akkreditierung aber nicht der europäischen Norm.

3.4 Forschungsfragen

Das Zertifizierungskonzept der Bio-Initiative beinhaltet Anforderungen an die Kompetenz, die einheitliche Arbeitsweise und die Unparteilichkeit des Standardgebers und der zugelassenen Zertifizierungsstellen für die Kontrolle und Verifizierung der Betriebe bzw. Unternehmen, die ihre Sorgfaltsprozesse und -methoden nach dem Standard der Bio-Initiative zertifizieren lassen wollen. Unternehmen, die ihre Produkte kennzeichnen und ein entsprechendes Zertifikat bzw. Logo über die Konformität besitzen, erfüllen die vom Siegelgeber festgelegten spezifischen Anforderungen an die Umsetzung der spezifischen Vorgaben.

Zur Zertifizierung dieser Vorgaben bedarf es auch einer Betrachtung des Managementsystems des zu überprüfenden Unternehmens. Dieses Zertifizierungsprogramm legt die dazu notwendigen Konformitätsbewertungsverfahren und Methoden für die jeweilige Zertifizierungsstelle verbindlich fest, um sowohl Prozesse als auch das Managementsystem darzustellen.

Der Geltungsbereich stellt Anforderungen, die in den Zertifizierungsvorgaben beschrieben werden. Sie umfassen insbesondere Anforderungen an Zertifizierungsstellen und Auditoren, Schulungsveranstaltungen, Vorgaben für die neutrale Kontrolle und deren Verifizierung (Integrity).

Auf Grundlage der gesetzlichen Vorgaben und Anforderungen an die Akkreditierung des Standards der Bio-Initiative soll herausgefunden werden, inwieweit ein höherer Stellenwert am Markt im Vergleich zu Mitbewerbern ohne Akkreditierung besteht. Soweit bekannt, haben andere Ökoverbände bisher den Status der europäischen Norm aufgrund der Komplexität der Vorgaben nicht erreicht bzw. keinen Antrag gestellt. Damit hätte die Bio-Initiative ein Alleinstellungsmerkmal. Daraus ergeben sich nachstehende Fragestellungen:

Forschungsfrage 1: Ist eine Akkreditierung aufgrund des hohen Aufwands sinnvoll?

Forschungsfrage 2: Stehen Kosten und Nutzen einer Akkreditierung in einer vernünftigen Relation zueinander?

Forschungsfrage 3: Erhöht sich durch die Akkreditierung die Akzeptanz beim Handel und Verbraucher?

Forschungsfrage 4: Wird mit den Vorgaben der Akkreditierung der Verbraucherschutz sichergestellt?

Forschungsfrage 5: Werden Tierwohlaspekte im Interesse höherer Tierschutz-Standards berücksichtigt?

3.5 Akkreditierungsvorgaben der europäischen Norm EN 17065

Die Vorgaben für die Akkreditierung sind sehr vielschichtig und in der EU-Norm EN 17065 detailliert beschrieben. Das ist Basis für die nachstehenden Grundsätze der Norm, an die sich Zertifizierungsstellen und Systemgeber wie die IG Bio-Initiative orientieren. In den nachfolgenden Parametern werden die jeweiligen Prinzipien der Anforderungen beschrieben und am Beispiel des Standardgebers für ökologische Produktion und nachhaltig produzierten Lebensmitteln der IG Bio-Initiative aufgeführt. Die Inhalte und Vorgaben entsprechen in weiten Teilen der Norm, allerdings abgestimmt auf die Standards der Bio-Initiative im Bereich der ökologischen Legehennenhaltung, Bruderhahnaufzucht und der landwirtschaftlichen Produktion von Futtermitteln entlang der gesamten Prozesskette. Das beinhaltet auch die Lieferung anderer Herkünfte und den Bereich der Herkunftssicherung und Rückverfolgung (CD Consulting gUG 2024).

3.5.1 Anforderungen an Teilnehmer und Zertifizierungsstellen

Die Zertifizierungsstelle muss ein oder mehrere Zertifizierungsprogramme betreiben, die ihre Tätigkeiten im Bereich der Zertifizierung abdecken (DIN EN ISO/IEC 17065, 7, „Anforderungen an Prozesse").

Die Anforderungen, nach denen die Produkte eines Kunden evaluiert werden, müssen in den angegebenen Normen und Dokumenten enthalten sein.

Wenn Erläuterungen über die Anwendung der Dokumente für ein bestimmtes Zertifizierungsprogramm erforderlich sind, müssen diese durch zuständige und unparteiische Personen oder Ausschüsse, die die notwendige technische Kompetenz besitzen, formuliert werden und auf Anfrage durch die Zertifizierungsstelle bereitgestellt werden.

Der Antragsteller bzw. das akkreditierte Unternehmen, in diesem Beispiel die IG Bio-Initiative, muss Zertifizierungsprogramme betreiben, die seine Tätigkeiten im Bereich der Zertifizierung der ökologischen bzw. landwirtschaftlichen Produktion abdecken.

Die Anforderungen, nach denen die Produkte eines Kunden evaluiert werden, müssen solche sein, die in angegebenen Normen und anderen normativen Dokumenten enthalten sind.

Das akkreditierte Unternehmen muss über kompetentes Personal für die Erfüllung der nachstehenden Funktionen für die Umsetzung der Vorgaben verfügen. Details dazu werden in den *Zulassungsvorgaben für Zertifizierungsstellen* und Mitarbeiter beschrieben. Dazu gehören u. a.:

- mindestens eine Person für Evaluierungsaufgaben mit den untenstehenden Kompetenzen; diese darf keine direkte Kundenakquise für die Zertifizierungsstelle machen;
- mindestens eine Person für Bewertungen und Zertifizierungsentscheidungen mit den untenstehenden Kompetenzen;
- verantwortliche/r Mitarbeiter, die/der während der Tätigkeiten im Rahmen der Bio-Initiative als Ansprechpartner für die Geschäftsstelle zur Verfügung stehen.

Eignungsanforderungen an das Personal

Kompetenzanforderungen an das Personal erfolgen unter Berücksichtigung der international gültigen Normen. Das Personal muss die folgenden Kenntnisse aufweisen:

- Master-, Bachelorabschluss oder gleichwertiger Abschluss in relevanten Fachrichtungen wie Landwirtschaft, Lebensmittelrecht, Umweltwissenschaft
- Berufserfahrung (Nachweis in Form von persönlichen Referenzen im Lebenslauf jeweils mit Angaben zu Zeitraum, Unternehmen, Art der Prüfungen und Verantwortung)
- mindestens zwei Jahre Berufserfahrung im Bereich der Öko- bzw. Agrarwirtschaft

3.5.2 Zertifizierungsvereinbarung

Die Vereinbarung muss vor Beginn der Evaluierung vom Kunden und von der Zertifizierungsstelle in Textform abgeschlossen worden sein. Die Zertifizierungsstelle darf allgemeine Geschäftsbedingungen (AGB) nur dann verwenden, wenn dies im Rahmen der Vereinbarung ausdrücklich mit dem Kunden vereinbart wurde und die Zertifizierungsstelle widersprechende AGB des Kunden ausgeschlossen hat.

Die Zertifizierungsvereinbarung muss die Geltung des deutschen Rechts festlegen und eine Schiedsgerichtsklausel enthalten, die international vollstreckbar ist. Ausnahmen von dieser Regel müssen von der Geschäftsstelle der Bio-Initiative schriftlich vor Abschluss der Zertifizierungsvereinbarung genehmigt werden (Zulassungsvorgaben und Kontrollstellenvertrag IG Bio-Initiative).

Für die Durchführung der Evaluierung, Überwachung und Prüfung der Dokumentation und der Aufzeichnungen, des Zugangs zu der entsprechenden Ausstattung, dem/den Standort(en), dem/den Bereich(en) und dem Personal sowie den Unterauftragnehmern gelten die Vorgaben gem. 4.1.2.2 in DIN EN ISO/IEC 17065.

Organisationsstruktur

Die Anforderungen an die Struktur der Zertifizierungsstellen werden unter Pos. 5 ff. der DIN EN ISO/IEC beschrieben. Sie sind für die Bio-Initiative verbindlich und vertraglich geregelt, dazu zählen insbesondere ein Mechanismus zur Sicherung der Unparteilichkeit, siehe auch die Zulassungsvorgaben für die Zertifizierungsstellen der Bio-Initiative.

Die Zertifizierungsstelle muss über einen Mechanismus zur Sicherung ihrer Unparteilichkeit verfügen, der die Einhaltung der Regelungen und Prinzipien der Unparteilichkeit der Zertifizierungstätigkeiten gewährleistet. Der Mechanismus muss formell dokumentiert sein.

Anforderungen an Ressourcen

Die Anforderungen an das Personal der Zertifizierungsstelle, den Verantwortungsbereich, das Kompetenzmanagement für Personen, die im Zertifizierungsprozess einbezogen sind, werden in der Norm detailliert beschrieben und bilden die Vorgabe der Bio-Initiative. Darüber hinaus gelten die Vorgaben der Zulassung für Zertifizierungsstellen der Bio-Initiative.

Antragsstellung

Gemäß DIN EN ISO/IEC 17065, 7.2 muss mit dem Antrag der Systemgeber bzw. die Zertifizierungsstelle alle erforderlichen Informationen erhalten, um den Zertifizierungsprozess nach dem betreffenden Zertifizierungsprogramm vollständig durchzuführen.

Dazu gehören zum Beispiel:

- die Produkte, die zu zertifizieren sind;
- die Normen und/oder normative Dokumente, nach denen der Kunde eine Zertifizierung wünscht;
- die allgemeinen Daten des Kunden, einschließlich dessen Name sowie die Anschrift des Standorts
- allgemeine Informationen für den beantragten Zertifizierungsbereich.

Darüber hinaus sind außerdem erforderlich:

- Dokumente und Aufzeichnungen, die als Konformitätsnachweise für die Indikatoren der Bio-Initiative relevant sind, wie z. B. Organigramm, Aufgabenbeschreibung, Kompetenzen und Qualifikationsnachweise des Personals (siehe auch 7.4.1.2 zur Definition von „relevantes Personal").
- Unternehmenspolitik oder -richtlinien (z. B. zu Nachhaltigkeit oder unternehmerischer Verantwortung, unternehmerischer Sorgfalt, Menschenrechten, Umwelt, Beschaffung, Risikoermittlung für Produkte und Rohstoffe).
- Berichte und Auswertungen von Zuliefereraudits, Maßnahmen und Projekte mit Bezug zu unternehmerischer Sorgfalt.

Für die Bio-Initiative sind außerdem von Bedeutung:

- Gültiges Zertifikat der Ökokontrollstellen, die nach der EG-Verordnung über den Ökologischen Landbau staatlich zugelassen sind und Betriebe auf Einhaltung der EU-Ökovorgaben überprüfen (z. B. im Geflügelbereich)
- Junghennen, Legehennen: Gültiges KAT-Zertifikat
- Bruderhähne: Gültiges Zertifikat QS oder vergleichbares Zertifikat
- Mischfuttermittelbetriebe: Gültiges Zertifikat QS oder vergleichbares Zertifikat
- Unterlage gem. Vorgaben zum Antrag auf Systemteilnahme
- IFS-Food-Zertifikat im Bereich Verarbeitung

Die Antragsunterlagen müssen der Geschäftsstelle vollständig vorgelegt werden. Nach Prüfung der Unterlagen kann der Mitgliedschaft zugestimmt werden. Die Systemteilnahme ist jedoch erst nach Validierung über eine neutrale Kontrolle möglich.

3.5.3 Antragsbewertung

Die DIN EN ISO/IEC 17065 definiert unter 7.3. Vorgaben für die Antragsbewertung, die die Grundlage für die Bio-Initiative bilden. Für die Bewertung ist neben den normativen Vorgaben u. a. sicherzustellen, dass der Zertifizierungsstelle:

- die Informationen über den Kunden und das Produkt ausreichend für die Durchführung des Zertifizierungsprozesses sind,
- alle bekannten Differenzen im Verständnis zwischen der Zertifizierungsstelle und dem Kunden geklärt werden, einschließlich der Vereinbarung bezüglich der Normen oder der normativen Dokumente,
- der Geltungsbereich der angestrebten Zertifizierung festgelegt ist,

- die Mittel zur Durchführung aller Evaluierungstätigkeiten verfügbar sind. Soweit wird auf die entsprechenden Positionen der Norm verwiesen.

Evaluierung

Die Zertifizierungsstelle muss über einen Plan für die Evaluierungstätigkeiten verfügen, um die Anwendung der notwendigen Regelungen zu ermöglichen (7.4 ff. der Norm). Es müssen alle erforderlichen Informationen und/oder Dokumentationen zur Durchführung der Evaluierungsaufgaben zur Verfügung gestellt werden. Dazu gehören die Vorgaben der Bio-Initiative zur Bewertung der Dokumentation, Probennahme, Prüfung, Inspektion und Auditergebnisse.

Im Rahmen der Evaluierung muss die Zertifizierungsstelle feststellen, ob die jeweilige Stufe die Anforderungen an unternehmerische Sorgfaltsprozesse erfüllt und ob das Unternehmen effektive Prozesse zur Auszeichnung berechtigter Produkte umsetzt. Die Evaluierungen zur Erstzertifizierung und zu Rezertifizierungen müssen einen Vor-Ort-Besuch am Hauptsitz des Kunden umfassen. Die Evaluierungen zur Überwachung können vor Ort oder im Rahmen einer Dokumentenprüfung (*remote*) erfolgen. Diese Entscheidung liegt im Ermessen der Zertifizierungsstelle, und die Entscheidung ist nach Rücksprache mit der Geschäftsstelle zu begründen.

Im Zuge der Vorbereitung ist vom Evaluierungspersonal festzustellen, ob die Systeme und Prozesse des Kunden ausgereift genug sind, um eine erfolgreiche Evaluierung durchzuführen.

Die Zertifizierungsstelle hat den Kunden vor der Evaluierung auf Schwachstellen hinzuweisen, die eine Zertifizierung eventuell verhindern könnten. Dies sollte mindestens zwei Wochen vor dem Vor-Ort-Besuch oder der Fernevaluierung erfolgen, um dem Kunden die Möglichkeit zu geben, die Schwachstellen abzustellen.

Die Zertifizierungsstelle muss Personal zur Durchführung jeder Evaluierungsaufgabe benennen. Diese verfügen über eine entsprechende Ausbildung und Zulassung für die durchzuführenden Maßnahmen.

Evaluierungspersonal prüft, ob der Kunde Prozesse implementiert hat, die sicherstellen, dass nur berechtigte Produkte mit dem Logo der Bio-Initiative ausgelobt werden.

Sollte der Kunde zum Zeitpunkt der Evaluierung noch nicht über Produkte zur Auslobung mit dem Logo verfügen, aber dennoch eine Zertifizierung wünschen, so muss die Zertifizierungsstelle prüfen, ob die Bedingungen hierfür vorliegen.

Um das Risiko einer Verzerrung zu verringern, sind im Rahmen der Evaluierung die Stichproben vorzunehmen, die in einem festgelegten Umfang vorzunehmen sind. Der Umfang wird von der Geschäftsstelle der Bio-Initiative im Rahmen einer Risikobewertung festgelegt.

Erweisen sich die Stichproben als nicht konform mit den Vorgaben der Bio-Initiative, sind weitere Proben zu nehmen, um die Sicherheit zu erhöhen.

Das Evaluierungspersonal muss eine formelle Abschlussbesprechung durchführen. An dieser Besprechung sollten die Verantwortlichen für die geprüften Aktivitäten und Prozesse sowie nach Möglichkeit das zuständige Mitglied der Geschäftsführung des Kunden teilnehmen.

Tabelle 1. Richtwerte zur Dauer der Evaluierung

Betriebsart	**Dokumentation - sprüfung vorab, Stunden**	**Auditdauer-/ Inspektionsdauer vor Ort, Stunden**	**Zertifizierung-sprozess, Entscheidung, Stunden**
Antragstellung, Bewertung, Zulassung	1–2		
landw. Betrieb	1	1	0,5
Brüterei	0,5–1	1	0,5
Aufzucht, Legehennen	0,5–1	1	0,5
Aufzucht, Mastbereich	0,5–1	1–2	0,5
Pack-/Verkaufsstelle	1	2	0,5
Mischfuttermittelwerke	1	2–3	0,5

Quelle: IG Bio-Initiative, eigene Erhebung

Anmerkung: Es handelt sich um Richtwerte, wobei die Größe des jeweiligen Betriebes für die Berechnung relevant ist und zu Abweichungen führen kann. Überwachungsaudits können auch im Rahmen einer Fernevaluierung durchgeführt werden.

Zweck der Abschlussbesprechung ist es, die durch die Evaluierung gewonnenen Erkenntnisse zu präsentieren, etwaigen Verbesserungsbedarf und Abweichungen sowie deren Konsequenzen zu erläutern. Das Evaluierungspersonal muss sicherstellen, dass der Kunde die Abweichungen und Konsequenzen versteht. Verbesserungsbedarf und Abweichungen müssen schriftlich vorgelegt werden (Auditergebnis).

Verpflichtend ist zudem, den Zeitrahmen für Verbesserungen und Korrekturen der Abweichungen zu vereinbaren. Dazu gehört es u. a., zusätzliche Evaluierungsaufgaben zur Verifizierung der Wirksamkeit der Korrekturen darzustellen, den Zeitrahmen für die Erstellung des Evaluierungsberichts zu klären, Informationen zum Prozess der Zertifizierungsentscheidung und zum Zeitrahmen zur Ausstellung des Zertifikats zu geben.

Außerdem muss dem Betrieb Gelegenheit für Fragen gegeben werden. Alle abweichenden Meinungen der Schlussfolgerungen der Evaluierung zwischen der Zertifizierungsstelle und dem Betrieb sind zu besprechen. Abweichende Meinungen, die nicht geklärt werden, sind zu dokumentieren.

Tabelle 2. Beispiel für anzuwendende Evaluierungsarten der Bio-Initiative

Evaluierungsart	Informationen/Nachweise	Beispiele für Indikatoren
Audit	Gespräch mit den verantwortlichen Mitarbeitern des Betriebs	Geschäfts- und Lieferbeziehungen, Risikofaktoren entlang der Lieferkette
Kontrolle	Beobachtung der operativen Umsetzung und Kontrolle der Abläufe und der unternehmerischen Sorgfaltspflichten, insbesondere • Risiken im Produktionsbereich und der Vorstufen • Einhaltung der Vorgaben für den Bezug von Rohstoffen (z. B. Futtermittel). • der Bezug aus zugelassenen Betrieben (Systemteilnehmer der Bio-Initiative)	Berücksichtigung in Entscheidungs- und Strategieprozessen, Analyse von Risiken, Überprüfung der Lieferketten von Vorlieferanten und Geschäftsbeziehungen, Verarbeitung von Beschwerden
Dokumentenprüfung	Überprüfung von Dokumenten und Aufzeichnungen, Vollständigkeit der Zertifikate, z. B. KAT oder Q &S für die Zulassung	QM-System des Betriebes, Inhalte der Berichterstattung

Quelle: CD Consulting, eigene Erhebung

Im Rahmen der Kontrolle ist außerdem zu prüfen, ob der Betrieb Prozesse implementiert hat, die sicherstellen, dass nur berechtigte Produkte mit dem Logo der Bio-Initiative ausgelobt werden, zum Beispiel beim Zukauf von anderen Betrieben.

Die Prüfung beinhaltet u. a.:

Sichtung relevanter Dokumente, die den Warenbezug von Produkten belegen (z. B. Herkunftsland, Lieferverträge und Zertifikate, aus denen hervorgeht, dass die entsprechende Ware den Vorgaben der Bio-Initiative entspricht).

Bewertung und Entscheidung

Grundsätzlich gilt, dass Personen, die Bewertungen und Zertifizierungsentscheidungen vornehmen, die Eignungsanforderungen des Siegelgebers erfüllen (Zulassungsvorgaben Zertifizierungsstellen, IG Bio-Initiative).

Qualifikationen

Hochschul- oder Fachhochschulabschluss in relevanten Fachrichtungen (mindestens Bachelor oder gleichwertig), Berufserfahrung (Nachweis in Form von persönlichen Referenzen im Lebenslauf jeweils mit Angaben zu Zeitraum, Unternehmen, Art der Prüfungen). Für Personal, das Evaluierungen durchführt, gilt eine mindestens 2-jährige Berufserfahrung in der Umsetzung oder Überprüfung von unternehmerischen Sorgfaltspflichten, Nachhaltigkeits- oder Umweltstandards in Lieferketten der Agrarwirtschaft.

Die Zertifizierungsstelle muss mindestens eine Person beauftragen, alle Informationen und Ergebnisse, die mit der Evaluierung in Zusammenhang stehen, zu bewerten (7.5.1 in DIN EN ISO/IEC 17065). Die Bewertung muss durch Personen erfolgen, die nicht in den Evaluierungsprozess einbezogen waren.

Empfehlungen für eine Zertifizierungsentscheidung, die sich auf die Bewertung stützt, müssen dokumentiert werden, sofern Bewertung und Zertifizierungsentscheidung nicht gleichzeitig durch dieselbe Person erfolgen, siehe:

Die Empfehlungen für die Zertifizierungsentscheidung sind zu dokumentieren.

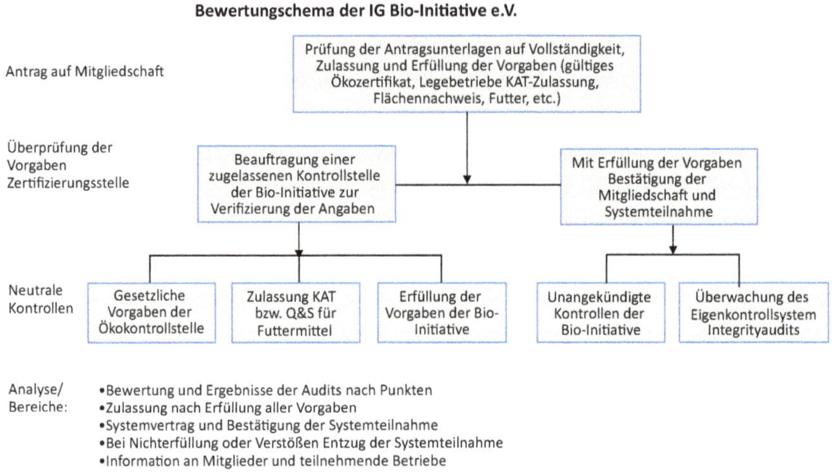

Abbildung 1. Bewertungsschema der Bio-Initiative
Quelle: IG Bio-Initiative, eigene Erhebung

Das Bewertungsschema beschreibt das Verfahren von der Antragstellung eines Betriebes bis zur Systemteilnahme. Das Formular zur Antragstellung beinhaltet alle systemrelevanten Vorgaben für die weitere Bearbeitung. Die Geschäftsstelle überprüft die Vollständigkeit der Angaben und beauftragt eine zugelassene Zertifizierungsstelle mit der Verifizierung der Angaben. Eine Zulassung bzw. Systemteilnahme erfolgt erst dann, wenn alle Vorgaben vorliegen, d. h. entsprechende und gültige Zertifikate der beantragten Bereiche, die im Antrag vom Antragsteller vermerkt wurden.

3.5.4 Zulassungsverfahren

Das Flowchart „Zulassungsverfahren" beschreibt die jeweiligen Abläufe der Systemvorgaben der IG Bio-Initiative nach der Antragstellung im Weiteren das Zulassungsverfahren, insbesondere den Prozess zur Pflege und Aktualisierung sowie den schematischen Ablauf der Kontrollsystematik. Antragstellung mit allen Dokumenten, Bewertung durch die Geschäftsstelle, Evaluierung durch eine von der Geschäftsstelle beauftragte Zertifizierungsstelle. Nach Bestätigung der Vollständigkeit aller geforderten Zertifikate und Dokumente, erfolgt die Ausstellung des Systemvertrags und damit die Aufnahme bzw. Teilnahme am Kontrollsystem der Bio-Initiative.

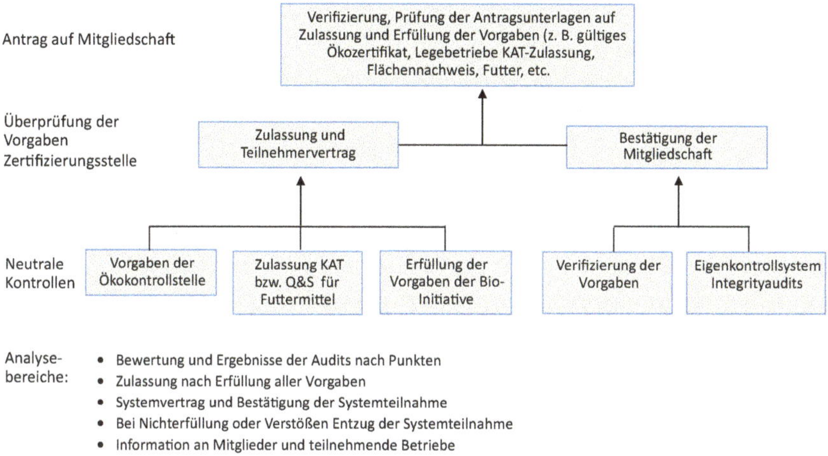

Abbildung 2. Zulassungsverfahren der Bio-Initiative
Quelle: eigener Erhebung, CD Consulting

In den Systemvorgaben der Bio-Initiative sind die jeweiligen Anforderungen definiert. Die Vorgaben werden entsprechend den gesetzlichen Kriterien und länderspezifischen Bestimmungen aktualisiert, auf der Homepage veröffentlicht und den Betrieben und Zertifizierungsstellen vorgelegt.

Neben gültigen Zertifikaten der amtlichen Überwachung (Ökokontrolle), Zertifikate KAT, QS und vergleichbaren Zertifikaten bestehen Kontrollvorgaben der Bio-Initiative und Kontrollberichte (CD Consulting) für folgende Betriebszweige:

- Kontrollbericht Mastschweine
- Kontrollbericht Legehennen
- Kontrollbericht Junghennenaufzucht
- Kontrollbericht Bruderhähne
- Kontrollbericht Futtermittel
- Kontrollbericht pflanzliche Erzeugung

Darüber hinaus gelten spezifische Anforderungen für den Bereich Tierschutz und Tierwohl:

- Bonitierung Junghennen, Bruderhähne und Legehennen
- Herdenbestandsblätter zur Beurteilung des Gesundheitszustands der Tiere (Geflügel und Schweine)

- Protokolle über die Herkunft und Einstallung der Tiere
- Übergabeprotokolle an den Schlachtbetrieb
- Kontrollberichte der Bio-Initiative gehen über die Vorgaben des EU-Öko-Standards hinaus.
- Auf Grundlage und Auswertung der Kontrollberichte kann eine Bewertung des Betriebes erfolgen.

Die Kontrollen erfolgen – bis auf Stichproben und Sonderprüfungen – im Auftrag der jeweiligen Betriebe. Da die Kontrollen über verschiedene Standardgeber erfolgen, sind Kombinationsaudits zugelassen. Darüber hinaus erfolgen im Auftrag der Bio-Initiative sog. Integrity-Audits zur Überwachung und Prüfung auf Einhaltung der Vorgaben. Diese Kontrollen erfolgen unangemeldet. Der Überwachungsrhythmus orientiert sich aus dem jeweiligen Ergebnis.

Tabelle 3. Bewertungs- und Kontrollvorgaben für das Audit in den jeweiligen Betrieben

Kategorie	Prozentzahl	Bewertung
A	95–100 %	Es wurden keine oder nur geringfügige Abweichungen im Rahmen der Kontrolle festgestellt. Eine Bewertung mit „C“ ist als Parameter nicht zulässig. Die Einhaltung von Hygienemaßnahmen, der Eigenkontrollen und der Rückverfolgbarkeit ist sichergestellt. Eventuell festgestellte geringfügige Abweichungen müssen schnellstmöglich behoben werden. Die Anzahl der Verifizierungsaudits kann reduziert werden.
B	75–84 %	Es wurden Mängel festgestellt, jedoch mit korrigierbaren Abweichungen. Die Einhaltung der Vorgaben ist noch sichergestellt. Die Abweichungen müssen schnellstmöglich und nachweislich behoben werden.
C	< 75 %	Nicht bestanden, keine Zulassung, d. h. der Betrieb erfüllt den vorgegebenen Standard nicht. Zur erneuten Prüfung der Systemkonformität ist ein Nachaudit erforderlich.
N. A.	–	Wenn ein Prüfpunkt oder mehrere Prüfpunkte für den auditierten Betrieb nicht zutreffen, können diese vom Auditor mit „n. a.“ (nicht anwendbar) bewertet werden. Eine solche Bewertung ist für alle Prüfpunkte möglich. Jede Bewertung mit „n. a.“ muss im Prüfbericht erläutert werden.

Tabelle 3. Fortsetzung

Kategorie	Prozentzahl	Bewertung
M „Major"	–	Kann bei allen Anforderungen vergeben werden, die nicht als „K. O."-Anforderungen definiert sind. Der Auditor kann ein „Major" vergeben, wenn durch das Nichteinhalten einer Anforderung gesetzliche Bestimmungen verletzt werden bzw. eine Gefahr für die Lebensmittelsicherheit oder das Tierwohl besteht. Weiterhin kann der Auditor ein „Major" vergeben, wenn vereinbarte Korrekturmaßnahmen nicht fristgerecht umgesetzt wurden. Bei der Vergabe eines „Majors" werden vom Gesamtergebnis 15 % abgezogen. Es erfolgt – sofern der Betrieb mindestens noch 75 %-Punkte erreicht – die Beurteilung „vorläufig bestanden" und die Ausstellung eines Zertifikates mit verkürzter Laufzeit bis zum vereinbarten Nachaudit-Termin. Resultiert aus der Vergabe eines „Majors" ein Gesamtergebnis von < 75 %, führt dies automatisch zur Beurteilung „nicht bestanden" und es kann kein Zertifikat ausgestellt werden
K. O.	–	Es liegen große, nicht akzeptable Abweichungen vom Sollzustand vor, die zur gänzlichen Nichterfüllung des Prüfkriteriums führen. Vergibt ein Auditor eine Bewertung bei einem Prüfpunkt, der mit einem „K. O." markiert ist, führt dies zum Abzug von 50 % der möglichen Gesamtpunktzahl und somit sofort zur Beurteilung „nicht bestanden". Es kann kein Zertifikat ausgestellt werden. Je nach Schwere des Mangels erfolgt eine Sperrung des Betriebes bzw. Ausschluss.

Quelle: IG Bio-Initiative, CD Consulting

Aus den Bewertungsergebnissen der Kontrollvorgaben für die jeweiligen Audits in den Betrieben ergibt sich ein Punkteschema, das für die Zulassung relevant ist:

Tabelle 4. Bewertung nach Punkten

Bewertung	Ergebnis der Kontrolle	Erreichte Punktezahl
A	Volle Übereinstimmung	20
B	Geringe Abweichungen	15
C	Anforderungen nur teilweise erfüllt	5
D	Anforderungen nicht erfüllt	-20
Major	Erhebliche Mängel, aber kein K. O.	Erreichte Gesamtpunktezahl wird um 15 % gekürzt
K. O.	Erhebliche Mängel	0

Quelle: IG Bio-Initiative, CD Consulting

3.5.5 Zertifizierungsentscheidung

Die Zertifizierungsentscheidung durch den verantwortlichen Mitarbeiter der Zertifizierungsstelle erfolgt nach Erfüllung der Vorgaben gem. Bewertungsschema und Bestätigung der Kontrollstellen, dass die Vorgaben erfüllt sind. Details sind dazu im Teilnehmervertrag und den allgemeinen Geschäftsbedingungen der Bio-Initiative geregelt. Das betrifft auch die Vereinsmitgliedschaft, siehe Satzung.

Die Ergebnisse der jeweiligen Kontrollberichte werden der Bio-Initiative vorgelegt. Die Geschäftsführung oder speziell für diesen Bereich geschulte Mitarbeiter prüfen die Unterlagen auf Einhaltung der Vorgaben. Dazu gehört auch die Bestätigung bestandener Audits über die Ökokontrolle, KAT, QS oder vergleichbarer Standardgeber.

- Gültiges Zertifikat der Ökokontrollstellen (Einhaltung der EU-Ökovorgaben)
- Junghennen, Legehennen, Bruderhähne: Gültiges KAT-Zertifikat oder vergleichbar
- Mischfuttermittelbetriebe: Gültiges Zertifikat QS oder vergleichbar
- Verarbeitung, Pack- und Verkaufsstelle: IFS-Zertifikat, je nach Scope (Food, Logistics)

Wenn die Vorgaben erfüllt sind, erfolgt die Zulassung der Bio-Initiative als Mitgliedsbetrieb. Die eigentliche Zertifizierungsentscheidung über die jeweiligen Vorgaben obliegt den nach EN 17065 zugelassenen Zertifizierungsstellen.

Evaluierungsbericht

Die Zertifizierungsstelle muss ein dokumentiertes Verfahren zur Überprüfung der Evaluierungsergebnisse anwenden, bevor sie innerhalb von spätestens 4 Wochen nach der Evaluierung eine Zertifizierungsentscheidung trifft. Die zur Überprüfung herangezogenen Informationen müssen mindestens Folgendes umfassen:

Den Evaluierungsbericht, inklusive der Klassifizierungen aller Indikatoren, die vom Betrieb/Kunden eingereichten Plänen für Verbesserungen, Korrekturen und Abhilfemaßnahmen, soweit relevant, eine Bestätigung, dass die Wirksamkeit der Korrekturen und Abhilfen noch verifiziert werden müssen bzw. dass die Wirksamkeit der Korrekturen und Abhilfen verifiziert wurde, siehe Auditberichte der jeweiligen Stufen (Anlage Tabellenanhang).

Für alle im Audit festgestellten Abweichungen ab einer C-Bewertung sowie festgestellten Nichtkonformitäten sind von der Zertifizierungsstelle Korrekturvorgaben mit Fristen zur Umsetzung festzulegen. Für die Überwachung und Einhaltung der fristgerechten Umsetzung der Korrekturmaßnahmen sind im Nachgang zum Audit die Zertifizierungsstellen verantwortlich. Werden die Fristen zur Umsetzung nicht eingehalten, ist die Zertifizierungsstelle berechtigt, das Zertifikat des Betriebes bis zu deren Umsetzung auszusetzen.

Personen, die die Zertifizierungsstelle beauftragt hat, die Zertifizierungsentscheidung zu treffen, müssen als Mitarbeiter vertraglich gebunden sein, siehe 7.6.3 in DIN EN ISO/IEC 17065.

Die Organisationskontrolle wird in der Norm beschrieben und ist Vorgabe der IG Bio-Initiative, siehe 7.6. ff.

Bei Abweichungen bzw. Verbesserungsbedarf sind die im Auditbericht vereinbarten Fristen einzuhalten und zu verifizieren. Werden diese innerhalb der vorgegebenen Zeit nicht umgesetzt, so muss die Zertifizierungsstelle das Zertifikat aussetzen.

Das betrifft auch Korrekturmaßnahmen bei Abweichungen, und die Zertifizierungsstelle darf keine Zertifizierung erteilen bzw. muss sie das Zertifikat entziehen.

Zertifizierungsdokumentation

Die Zertifizierungsstelle muss dem Kunden eine formelle Zertifizierungsdokumentation bereitstellen, die die Identifizierung folgender Elemente deutlich vermittelt oder zulässt:

- den Namen und die Anschrift der Zertifizierungsstelle;
- das Datum, an dem die Zertifizierung durchgeführt wurde (das Datum darf nicht vor dem Zeitpunkt liegen, an dem die Entscheidung über die Zertifizierung abgeschlossen wurde);
- den Namen und die Anschrift des Kunden.

Die Zertifizierungsstelle muss die aktuelle Zertifikatsvorlage der Geschäftsstelle der Bio-Initiative verwenden und diese vollständig ausfüllen. Das ausgestellte Zertifikat muss sie in das Onlineportal der Vergabestelle hochladen, womit es automatisch an den Kunden versandt wird.

Dokumentation, Datenbank

Es gelten die Vorgaben der Norm (Positionen 7.7.1, 7.7.2 und 7.7.3). Die Bio-Initiative hat weitergehende Anforderungen. Die jeweiligen Checklisten sind in der KAT-Datenbank hinterlegt. Grundlage hierfür ist die Vereinbarung über die Zusammenarbeit zwischen KAT e.V. und der Bio-Initiative vom 01.01.2020. Die Auditergebnisse werden in der KAT-Datenbank hinterlegt. Im Zuge der Zusammenarbeit hat KAT die KAT-Datenbank erweitert, dass teilnehmende Betriebe die Möglichkeit erhalten, die unter den Systemvoraussetzungen der Bio-Initiative vermarktete Ware spezifisch zu kennzeichnen und somit deren vollständige Identifizierung zu gewährleisten.

Darüber hinaus ermöglicht die KAT-Datenbank, dass für die Zertifizierungsstellen die Checklisten für die Legehennenhaltung der Bio-Initiative hinterlegt sind, um auf diese Weise eine gemeinsame Auditierung der Systeme KAT und Bio-Initiative zu ermöglichen.

KAT teilt der Bio-Initiative in regelmäßigen Abständen diejenigen Warenbewegungen mit, die von Betrieben ausgehen, die auch der Bio-Initiative angeschlossen sind. Diese Mitteilung erfolgt in Form von Mengenmeldungen, die die produzierten und gehandelten Waren sowie die an der Produktion und Weitergabe der Waren beteiligten Betriebe erkennen lassen.

Die Teilnahme am KAT-System ist für die Zertifizierungsstellen im Interesse der Transparenz und Vereinfachung der Erfassung von Auditergebnissen von der Bio-Initiative verpflichtend.

Verzeichnis zertifizierter Produkte

Es gelten die Vorgaben der Norm, d. h. die Zertifizierungsstelle muss Informationen zu zertifizierten Produkten aufrechterhalten, die mindestens die folgenden Elemente enthalten: Identifizierung des Produkts, die Norm(en)

und anderen normativen Dokumente, nach denen die Konformität zertifiziert wurde und Angaben zur Identifizierung des Kunden.

Tabelle 5. Verzeichnis zertifizierter Vorgaben

Standard	Erzeugnis/Produkt	Ergebnis
Landwirtschaft	Getreide, Ölsaaten	Bio-Vorgaben
Brüterei	Bruteier	Konformität
Selektion	männlich/weiblich	Methodik
Aufzucht	Legehenne	Vorgaben BI
Aufzucht	Bruderhähne	Vorgaben BI
Legebetrieb	Eier	Vorgaben BI
Mast	Hähnchen	Vorgaben BI
Mast	Weideschwein	Vorgaben BI
Pack-, Verkaufsstelle	Eier	Vorgaben BI
Mischfuttermittel	Einzelkomponenten	Vorgaben BI

Quelle: IG Bio-Initiative, CD Consulting

3.5.6 Überwachung

Überwachungen, Kontrollen zur Verifizierung müssen jährlich durchgeführt werden und frühestens 9 Monate bzw. spätestens 12 Monate nach dem letzten Tag der vorangegangenen Evaluierung abgeschlossen sein.

In Ausnahmefällen kann nach eigenem Ermessen der Zertifizierungsstelle die Überwachung bis zu 15 Monate nach dem letzten Tag der vorangegangenen Evaluierung abgeschlossen werden.

Die Überwachung richtet sich nach dem Ergebnis der neutralen Kontrolle und wird mindestens einmal jährlich durchgeführt. Außerdem erfolgen mindestens einmal jährlich unangemeldete sog. Integrity-Audits (Stichproben), die unabhängig von der Bewertung der vorausgegangenen Audits erfolgen.

Überwachungen werden grundsätzlich vor Ort durchgeführt. Für den Fall, dass die Zertifizierungsstelle die Überwachung jedoch aus der Ferne plant, muss sie ihre Gründe für diese Entscheidung im Evaluierungsbericht dokumentieren. Im Falle höherer Komplexität (z. B. der Lieferketten) und höheren Risikos des Kunden ist eine Kontrolle am Standort des Betriebes durchzuführen.

Wie für jede Evaluierung gilt das Prinzip der Vertraulichkeit und Beachtung der Datenschutzgrundverordnung. Es dürfen keine Aufzeichnungen von Gesprächen oder Inhalten während der Evaluierung erfolgen. Die

Zertifizierungsstelle und ihr Evaluierungspersonal müssen bei der Verwendung und dem Schutz von Informationen, die sie im Verlauf der Evaluierung erworben haben, umsichtig sein.

Spätestens 4 Wochen nach der Überwachung muss die Zertifizierungsstelle den Evaluierungsbericht auf der Onlineplattform der Vergabestelle hochladen und so an den Kunden übermitteln. Für die Erstellung des Evaluierungsberichts muss sie die Vorlage der Geschäftsstelle verwenden.

Für eine Rezertifizierung muss der Kunde sowohl Stufe A als auch Stufe B der Vorgaben der Bio-Initiative erfüllen (Pos. Kontrollvorgaben und Bewertungsparameter der Bio-Initiative, Tabelle 3).

Grundsätzlich muss die Rezertifizierung vor Ablauf des Zertifikats abgeschlossen sein. In Ausnahmefällen kann die Zertifizierungsstelle die Gültigkeit des Zertifikats um drei Monate verlängern. Falls ein Kunde eine Verlängerung wünscht, muss er dies unter Angabe von Gründen bei der Zertifizierungsstelle beantragen. Für den Fall, dass eine Zertifizierungsstelle eine Verlängerung wünscht, muss sie diese Verlängerung unter Angabe von Gründen in die Onlineplattform einstellen. Für beide Fälle gilt: Die Geschäftsstelle der Bio-Initiative wird über die Verlängerung und deren Gründe informiert. Die Entscheidung über die Verlängerung obliegt der Zertifizierungsstelle. Sie kann das Zertifikat formlos um drei Monate durch einen entsprechenden Vermerk in der Onlineplattform verlängern. Es muss kein neues Zertifikat ausgestellt werden.

Änderungen, die sich auf die Zertifizierung auswirken

Wenn das Zertifizierungsprogramm neue oder überarbeitete Anforderungen einführt, die den Kunden betreffen, muss die Zertifizierungsstelle sicherstellen, dass diese Änderungen allen Kunden zur Kenntnis gebracht werden. Die Zertifizierungsstelle muss die Umsetzung der Änderungen durch ihre Kunden überprüfen und durch das Programm geforderte Maßnahmen ergreifen. Vertragliche Vereinbarungen mit den Kunden können erforderlich sein, um die Umsetzung dieser Anforderungen sicherzustellen (7.10. ff. der DIN EN ISO/IEC 17065).

Die Zertifizierungsstelle muss sonstige Änderungen berücksichtigen, welche die Zertifizierung beeinflussen können (einschließlich Änderungen, die durch den Kunden ausgelöst werden) und über die geeigneten Maßnahmen entscheiden.

Sonstige Änderungen, die die Zertifizierung beeinflussen können, beziehen sich vor allem auf Änderungen, soweit diese bereits geprüften Prozesse unternehmerischer Sorgfalt oder deren Umsetzung betreffen.

Änderungen können aus Sicht der Zertifizierungsstelle, der Vergabestelle, der Geschäftsstelle oder des Siegelgebers eine Sonderevaluierung erforderlich machen. Die Sonderevaluierung muss entweder wie eine Erstevaluierung oder wie eine Überwachung durchgeführt werden. Die Gründe sowie für den gewählten Umfang derselben müssen von der Zertifizierungsstelle dokumentiert werden.

Beendigung, Einschränkung, Aussetzung oder Zurückziehen der Zertifizierung

Im Falle von zuvor bestehendem Verbesserungsbedarf oder nötigen Korrekturmaßnahmen nach Abweichungen, die vom Kunden über die zugestandene Frist hinaus nicht wirksam umgesetzt wurden, muss das Zertifikat ausgesetzt werden (Kontrollvorgaben und Bewertungsparameter der Bio-Initiative).

Wird das Zertifikat ausgesetzt oder zurückgezogen, muss die Zertifizierungsstelle dies umgehend in den formellen Zertifizierungsdokumenten kenntlich machen und den Kunden sowie die Vergabestelle entsprechend informieren.

Nach einem Zurückziehen des Zertifikats kann der Kunde nur durch eine erfolgreiche und vollständige Evaluierung in Übereinstimmung mit den aktuell gültigen Anforderungen der Bio-Initiative erneut zertifiziert werden.

3.4.7 Dokumentation

Die Zertifizierungsstelle muss Aufzeichnungen aufbewahren, um nachzuweisen, dass alle Anforderungen an den Zertifizierungsprozess (in dieser Internationalen Norm sowie in denen des Zertifizierungsprogramms) wirksam erfüllt worden sind.

Die Zertifizierungsstelle muss Aufzeichnungen vertraulich behandeln. Die Aufzeichnungen müssen in einer Weise transportiert, übersendet oder übertragen werden, die die Aufrechterhaltung der Vertraulichkeit sicherstellt.

Wenn das Zertifizierungsprogramm eine vollständige Wiederevaluierung der Produkte innerhalb eines festgelegten Zyklus einschließt, müssen Aufzeichnungen mindestens für den laufenden und den vorangegangenen Zyklus aufbewahrt werden. Andernfalls gilt für Aufzeichnungen, dass sie für einen von der Zertifizierungsstelle festgelegten Zeitraum aufbewahrt werden müssen.

Bei der Festlegung von Aufbewahrungszeiten können rechtliche Besonderheiten und Anerkennungs- bzw. sonstige Vereinbarungen berücksichtigt werden.

3.4.8 Beschwerdemanagement

Das Beschwerdemanagement ist in der Norm eindeutig geregelt und gilt uneingeschränkt für die Vorgaben der Bio-Initiative. Insoweit wird auf die nachstehenden Regelungen verwiesen:

Beschwerden zu den durchgeführten Audits, Kontrollberichten, Zertifikaten oder Ähnlichem werden von der Geschäftsstelle gesammelt, bearbeitet und ausgewertet sowie im Rahmen des Integrity-Programmes verifiziert.

Beschwerden können sowohl von Zertifizierungsstellen als auch von den zertifizierten Betrieben, von Abnehmern, dem Lebensmitteleinzelhandel und von Interessenverbänden (NGOs) eingereicht werden.

Die Zertifizierungsstelle verfügt über ein dokumentiertes Verfahren, um Beschwerden und Einsprüche entgegenzunehmen, zu evaluieren sowie Entscheidungen über diese zu treffen. Die Zertifizierungsstelle hat Beschwerden und Einsprüche sowie die Maßnahmen, die zu ihrer Lösung ergriffen werden, aufzuzeichnen und zu verfolgen.

Bei Erhalt einer Beschwerde oder eines Einspruchs muss die Zertifizierungsstelle bestätigen, ob sich die Beschwerde oder der Einspruch auf Zertifizierungstätigkeiten bezieht, für welche die Zertifizierungsstelle verantwortlich ist, und falls dem so ist, muss diese sich damit befassen.

Die Zertifizierungsstelle bestätigt den Erhalt der formellen Beschwerde oder des formellen Einspruchs.

Verantwortlich ist die Zertifizierungsstelle für das Erfassen und Verifizieren aller erforderlichen Informationen (soweit möglich), um eine Entscheidung über die Beschwerde oder den Einspruch herbeizuführen.

Die Entscheidung über die Beschwerde oder den Einspruch hat durch eine Person (oder Personen) zu erfolgen, die nicht in die Zertifizierungstätigkeiten, auf die sich die Beschwerde oder der Einspruch bezieht, einbezogen ist/sind.

Um sicherzustellen, dass es keinen Interessenkonflikt gibt, darf das Personal einschließlich derjenigen Personen, die in leitender Position tätig sind und die für einen Kunden Beratungen (siehe 3.2) geleistet haben oder durch einen Kunden angestellt sind, nicht durch die Zertifizierungsstelle eingesetzt werden, um die Lösung einer Beschwerde oder eines Einspruchs des betreffenden Kunden zu bewerten oder zu genehmigen, wenn sie innerhalb der letzten zwei Jahre in Beratungen oder in ein Arbeitsverhältnis gegenüber dem Kunden eingebunden waren.

Soweit möglich, hat die Zertifizierungsstelle den Beschwerdeführer formell über das Ergebnis und die Beendigung des Beschwerdeverfahrens zu informieren und muss alle erforderlichen Folgemaßnahmen ergreifen, um die Beschwerde oder den Einspruch beizulegen.

Grundsätzlich können Systemteilnehmer während des Zertifizierungszyklus jederzeit neue Erzeugnisse/Projekte anmelden. Details und Inhalte müssen der Geschäftsstelle vorab gemeldet werden, damit die beauftragte Zertifizierungsstelle diese im Rahmen der jährlichen Überwachung stichprobenartig prüfen kann.

3.4.9 Managementsystem-Anforderungen

Die Anforderungen der Bio-Initiative müssen im Managementsystem der Zertifizierungsstelle verankert sein und entsprechend der DIN EN ISO/IEC 17065 Dokumentationen, wie z. B. das Handbuch, grundsätzliche Regelungen oder die Festlegung der Zuständigkeiten behandeln.

Außerdem ist in den Anforderungen Folgendes geregelt:

- Lenkung von Dokumenten
- Lenkung von Aufzeichnungen
- Managementbewertung
- internes Audit
- Korrekturmaßnahmen

Die Zertifizierungsstelle erbringt den Nachweis, dass die Anforderungen der Norm gleichbleibend erfüllt werden.

Interne Audits

Die Verfahren für interne Audits der Zertifizierungsstelle müssen die Vorgaben der Bio-Initiative berücksichtigen.

Die Zertifizierungsstelle muss Verfahren für interne Audits erstellen, um zu überprüfen, ob die Anforderungen nach dieser internationalen Norm erfüllt werden, und ob das Managementsystem wirksam umgesetzt und aufrechterhalten wird. Interne Audits müssen mindestens jährlich durchgeführt werden. Es muss ein dokumentierter Entscheidungsfindungsprozess folgen.

Die Zertifizierungsstelle hat sicherzustellen, dass …

- interne Audits von Personal durchgeführt werden, das über Zertifizierung, Auditdurchführung und die Anforderungen dieser internationalen Norm unterrichtet ist,
- Auditoren nicht ihre eigene Arbeit auditieren,

- das Personal, das für den zu auditierenden Bereich zuständig ist, über das Ergebnis des Audits informiert wird,
- alle Maßnahmen, die sich aus den internen Audits ergeben, rechtzeitig und in geeigneter Weise getroffen werden und die Verbesserungsmöglichkeiten aufgezeigt werden.

Darüber hinaus gilt, dass der Auditor die Teilnahme an einer internen Schulung durch die Zertifizierungsstelle nachweisen kann. Die Inhalte der internen Schulung sind die relevanten stufenspezifischen Dokumente der Systemvorgaben der Bio-Initiative einschließlich Bewertungsgrundlagen.

Schulungen

Das Schulungskonzept beinhaltet Vorgaben für die Erstschulung neu zugelassener Auditoren und Zertifizierer und jährliche Wiederholungsschulungen. Die Teilnahme ist für die Aufrechterhaltung der Zulassung von Auditoren und Zertifizierern verpflichtend (Pos. 6 der Norm Anforderungen an Ressourcen, Vorgaben IG Bio-Initiative).

Im Rahmen der Schulungen werden das Basiswissen über das System der Bio-Initiative und die vermittelten Schulungsinhalte in Form einer schriftlichen Prüfung verifiziert. Besteht ein Auditor oder Zertifizierer die Prüfung eines Auditscopes nicht, erhält er für den jeweiligen Bereich vorerst keine Zulassung und muss an einer erneuten Erstschulung teilnehmen.

Stichproben

Als Stichprobe bezeichnet man eine Teilmenge einer Grundgesamtheit (Population), die unter bestimmten Gesichtspunkten ausgewählt wurde. Typischerweise wird die Stichprobe Untersuchungen bzw. Erhebungen unterzogen, deren Ergebnisse etwas über die Grundgesamtheit, der die Stichprobe entnommen wurde, aussagen sollen. Es gibt verschiedene Stichproben Arten:

- Zufallsstichprobe
- Quotenstichprobe
- Clusterstichprobe
- mehrstufige Verfahren

Um das Risiko einer Verzerrung zu verringern, muss das Evaluierungspersonal die Stichprobe auswählen und nicht der Kunde. Darüber hinaus muss sichergestellt werden, dass die richtige Grundgesamtheit in die Stichprobe einbezogen wird.

Die Bio-Initiative priorisiert die einfache Zufallsstichprobe, also eine Teilmenge der Grundgesamtheit entlang der Prozesskette, die nach dem Zufallsprinzip so ausgewählt wird, so dass jede Einheit der Grundgesamtheit dieselbe Wahrscheinlichkeit hat, ausgewählt zu werden. Der Vorteil besteht darin, dass die Maßnahmen dieser Vorgehensweise nicht im Vorfeld für die Betriebe kalkulierbar sind.

3.4.10 Integrity-Audits (Kontrolle der Kontrolle)

Die IG Bio-Initiative betreibt ein umfassendes, mehrstufiges Kontrollsystem. Dazu gehört die Kontrolle der Kontrolle, sog. Integrity-Audits. Das Vorgehen des Sammelns objektiver Beweise beinhaltet:

- die Prüfung einer Auswahl von Dokumenten und Aufzeichnungen,
- die Befragung einer Auswahl von Mitarbeitern,
- die Beobachtung bestimmter Routinen und Abläufe der Geschäftspraktiken des Systemteilnehmers, wie z. B. Risikoanalysen in Bezug auf eventuelle Rückstände, Beschaffungspraxis, Herkunft und Dokumentation, Kennzeichnung der Produkte, Bewertung von Produzenten und Umsetzung von Beschwerdemechanismen.

Bei der Erhebung von Nachweisen ist es wichtig, dass die Auswahl der zu überprüfenden Sachverhalte im Vorfeld dokumentiert wird, d. h. Vorgaben über die Stichprobenmethode und Umfang der Stichproben dargestellt werden.

Die Bio-Initiative führt die Stichprobenaudits auf Grundlage des Integrity-Programms durch. Zusätzlich zu den Systemaudits dient das Integrity-Programm der weiteren Überprüfung der teilnehmenden Betriebe zur Sicherstellung auf Einhaltung der Vorgaben. Für die Beauftragung dieser Audits ist die Geschäftsstelle zuständig. Ein Stichprobenaudit darf nicht von dem Auditor veranlasst werden, der das letzte Systemaudit in diesem Betrieb durchgeführt hat.

Dazu gehören ggf. auch Buchprüfungen zur Überprüfung der Lieferbeziehungen. Es ist sicherzustellen, dass ein Zukauf ausschließlich aus zugelassenen Betrieben erfolgt. Das beinhaltet die gesamte Prozesskette, insbesondere Futtermittel und Komponenten.

Verifizierungsaudits erfolgen grundsätzlich unangekündigt. Die Häufigkeit der Audits ist in der nachfolgenden Tabelle dargestellt:

Tabelle 6. Integrity-Audits

Betriebsart	Auditintervalle (je nach erreichter Punktezahl)
Brüterei, Aufzuchtbetriebe	3 Jahre
Legebetriebe	3 Jahre
Mastbereich (Bruderhähne, Masthühner, Schweine)	2–3 Jahre
Pack- und Verkaufsstellen	2 Jahre
Mischfuttermittelbetrieb	2 Jahre

Quelle: IG-Bio-Initiative, eigene Erhebung, CD Consulting

Sonderaudits

In Verdachtsfällen oder bei Gefahrensituationen beauftragt die Bio-Initiative unmittelbar Sonderaudits. Die Durchführung erfolgt unangekündigt. Außer bei K. O.-Bewertungen besitzen sie keine Auswirkungen auf die Auditfrequenz oder den Status des Betriebs. Wird bei einem Sonderaudit eine K. O.-Bewertung vergeben, kann eine sofortige Sperrung des Betriebes erfolgen. Die Wiederzulassung des Betriebes erfolgt dann ggf. erst nach einem weiteren Prüfverfahren.

Dokumentation der Ergebnisse

Die Dokumentation der Ergebnisse soll sicherstellen, dass die Evaluierung und die entsprechende Zertifizierungsentscheidung vertrauenswürdig sind und dass die angewandte Stichprobenmethode das Vertrauen in die Evaluierungsergebnisse bestätigt und stärkt. Außerdem verlangt die ISO 17065, dass mindestens eine Person die Zertifizierungsentscheidung auf Grundlage aller Informationen im Zusammenhang mit der Bewertung, ihrer Überprüfung und aller anderen relevanten Informationen trifft. Das Fehlen von dokumentierten Stichprobenmethoden, deren Umfang und Ergebnisse sind für eine Zertifizierungsentscheidung relevant.

Tabelle 7. Vorgaben und Ablauf der Kontrollen im Rahmen der Bio-Initiative

Wann	Was	Wer
2–4 Wochen vor dem Vor-Ort-Besuch	Vorbereitung zur Evaluierung der Dokumentenprüfung zu jeweiligen Standards:Zulassung Öko-Kontrollstelle, Zertifikat KAT (Legehennenhaltung), Q & S (Mischfuttermittel, Schweinehaltung, Bruderhähne, Schlachtung)	Zertifizierungsstelle
Vor-Ort-Kontrolle	Eröffnungsbesprechung, Informationserfassung, Abschlussgespräch. Die Zertifizierungsstelle informiert über den Ablauf der Kontrolle und das Ergebnis, Verbesserungsbedarf, Abweichungen, nicht erfüllte Vorgaben und Konsequenzen	Zertifizierungsstelle/Kunde
Wenn keine Abweichungen und kein Verbesserungsbedarf festgestellt wurden: spätestens 4 Wochen nach dem Vor-Ort-Besuch	Zertifizierungsentscheidung Erfassung der Zertifizierungsentscheidung bzw. Ergebnisse der Kontrolle in der Onlinedatenbank KAT	Zertifizierungsstelle
Wenn Abweichungen oder Verbesserungsbedarf festgestellt wurden, sind Vorgaben für die Erfüllung bzw. Umsetzung im Kontrollbericht von der Zertifizierungsstelle zu benennen.	Maßnahmenplan wird an Zertifizierungsstelle übermittelt.	Kunde
Überprüfung der Mängelbeseitigung entsprechend den Vorgaben und vorgegebenen Fristen, ggf. Nachaudit zur Validierung	Erfüllung der Vorgaben und Beseitigung der im Audit festgestellten Abweichungen	Zertifizierungsstelle/Kunde

Quelle: IG-Bio-Initiative, eigene Erhebung, CD Consulting

Die nachstehende Matrix beschreibt die jeweiligen Anforderungen und Evaluierungsarten und -methoden der Bio-Initiative gemäß ISO/IEC 17065.

Matrix zur Abbildung von Anforderungen und Evaluierungsmethoden der IG Bio-Initiative gemäß ISO/IEC 17067

Festgelegte Akkreditierungsarten für Produkte/ Prozesse/ Dienstleistungen

1 **ISO/IEC 17065 (Anforderungen an Stellen, die Produkte, Prozesse und Dienstleistungen zertifizieren)**

2 **ISO/ISO/IEC 17021 (Anforderungen an Stellen, die Managementsysteme auditieren und zertifizieren)**

3 **ISO/IEC 17020 (Anforderungen an den Betrieb verschiedener Typen von Stellen die Inspektionen durchführen)**

Im Programm verfügbare Evaluierungsarten und -methoden, Prüfverfahren etc.

ID	Produkt/ Prozess Dienstleistung	Prüfobjekte	Anforderungen/ Kriterien	Nachweise/ Anforderung von Prüfnachweisen	Stich-proben		Zertifikate Ökozulassung, KAT, Q&S und andere	Prüfung Prozesse/Verfahren (Audit/Dokumente)	Vermessungsprotokolle, Einrichtungen, Stall- und Freilandfläche	Tiere bzw. Gewicht pro qm bei Bruderhähnen und Junghennen	Bewertung der Anlage und Auslauf	Einhaltung der Vorgaben B-I	Bonitierung, Gesundheitszustand der Tiere	Inspektionsbericht Tierwohl	Herkunft Küken für die Bruderhahnaufzucht, Protokolle	Herkunft der Küken, kein Kükentöten	Transportprotokolle	Schlachtprotokolle	Herkunft Futter/Einzelkomponenten	Anbaukriterien	Auslobung BI
							Festgelegte Evaluierungsarten und -methoden														
1	**ökologische Produktion**					x															
		gesetzliche Vorgaben	EU-Verordnung	Ökokontrolle	x		x												x	x	
		nationale Bestimmungen	BMEL	Ökokontrolle	x		x												x	x	
		Vorgaben Bio-Initiative	Standards	Checklisten IG Bio	x			x	x	x		x		x		x			x	x	
		KAT-Standards	KAT	Kontrolle KAT	x		x	x											x	x	
2	**Eierproduktion**					x															
		Brüterei	Vorgaben IG-Bio	Schlupfergebnisse	x			x				x			x	x	x				x
				Herkunft	x		x									x					
		Bruderhahnaufzucht	Vorgaben IG-Bio	Kontrollbericht über Aufzucht (Schlupfäquivalent)	x			x	x	x		x	x	x	x	x	x	x			x
				Schlachtgewicht	x			x				x									
				Dauer der Aufzucht	x			x				x									
		Aufzucht Junghennen	Vorgaben IG-Bio	Checklisten IG Bio	x		x	x	x	x		x	x	x	x	x	x				x
		Legehennen	Vorgaben IG-Bio	Checklisten IG Bio	x			x	x	x		x	x	x		x	x	x	x		x
		Tierwohl	Bonitierung, Herdenbestands-blatt	Kontrollbericht, Herdenbestandsblatt, Transport, Schlachtung	x			x				x	x	x	x		x	x	x		
3	**pflanzl. Erzeugung**					x															
		landw. Betrieb	Vorgaben IG-Bio	Checklisten IG Bio	x			x	x			x							x		
		Flächennachweis	Vorgaben IG-Bio	Kontrollbericht Öko	x		x		x			x							x		
		ökologische Produktion	Vorgaben IG-Bio	Kontrollbericht Öko	x		x		x			x							x		
3	**Futtermittel**					x															
		Betrieb	Vorgaben IG-Bio	Kontrollbericht Öko	x		x					x							x	x	
		Zulassung	Vorgaben IG-Bio	Kontrollbericht Öko	x		x					x							x	x	
		regionaler Anteil	Vorgaben IG-Bio	Checklisten IG Bio	x			x				x							x	x	
		Herkunft	Vorgaben IG-Bio	Checklisten IG Bio	x			x				x							x	x	
		Zertifikate	Vorgaben IG-Bio	Checklisten IG Bio	x			x				x							x	x	x
3	**Vermarktung**					x															x
		Zukauf		Checklisten IG Bio	x			x				x									
		Auslobung	Vorgaben IG-Bio	Checklisten IG Bio	x			x				x									x
		Herkunft, Rückverfolgung	Vorgaben IG-Bio	Checklisten IG Bio, KAT	x			x				x									x

Abbildung 3. Matrix
Quelle: IG-Bio-Initiative, eigene Erhebung, DAkkS

3.4.11 Zugehörige Kontrollberichte/Checklisten

Die Kontrollberichte/Checklisten dienen der Verifizierung auf Einhaltung der Vorgaben der Bio-Initiative. Geprüft wird im Rahmen der neutralen Kontrolle durch zugelassene Zertifizierungsstellen.

Die Checklisten werden den Vorgaben der Rechtsprechung angepasst und im Rahmen eines Monitorings mit den Zertifizierungsstellen, Betrieben in Absprache mit dem Vorstand regelmäßig aktualisiert und entsprechend den Gegebenheiten validiert.

Ein im Aufbau befindlicher wissenschaftlicher Beirat der Bio-Initiative mit fachlicher und wissenschaftlicher Kompetenz soll künftig die Vorgaben im Rahmen einer Validierung optimieren und an die Ansprüche des ökologischen Landbaus anpassen und weiterentwickeln.

Die Checklisten sind stufenübergreifend, die Auswertung erfolgt über das Kontrollsystem KAT. Die Kontrollergebnisse werden den jeweiligen Betrieben unmittelbar mit den erforderlichen Maßnahmen im Fall von Abweichungen übermittelt.

3.5. Beantwortung der Forschungsfragen

Die Anforderungen zur Umsetzung der Akkreditierungsvorgaben sind mit einem hohen Maß an Aufwand verbunden, der eine Rechtfertigung am Markt erfordert. Das soll die Beantwortung der Forschungsfragen im Folgenden bestätigen.

Forschungsfrage 1: Ist eine Akkreditierung aufgrund des hohen Aufwands sinnvoll?

Die Akkreditierung ist mit einem hohen Aufwand zur Bereitstellung der Inhalte zu den Vorgaben verbunden. Am Beispiel der Bio-Initiative umfassen diese Dokumente von fast 200 Seiten, die zur Prüfung bei der zuständigen Akkreditierungsstelle eingereicht wurden. Der Prozess erstreckt sich über Jahre, da bestimmte Dokumente überarbeitet werden mussten bzw. durch Änderungen der Zuständigkeitsbereiche der DAkkS erneut eingereicht werden mussten. Das ist mit einem hohen Arbeits- und Zeitaufwand verbunden. Andere Bioverbände haben deshalb bereits eingereichte Anträge zurückgezogen bzw. nicht gestellt. Der Verband Unabhängiger Prüflaboratorien (VUP) sieht in einem Gutachten sogar negative Auswirkungen für klein- und mittelständige Unternehmen (KMU) und Unternehmensgründungen. Die Sinnhaftigkeit wird von vielen Unternehmen aus bürokratischen und wirtschaftlichen Gründen in

Frage gestellt. Aus diesem Grund hat auch die IG Bio-initiative den Antrag auf Akkreditierung zurückgezogen.

Forschungsfrage 2: Stehen Kosten und Nutzen einer Akkreditierung in Relation?

Die Kosten der Akkreditierung bei Unternehmen der Umsatzklasse „unter 2 Mio. €" belaufen sich lt. Angaben der DAkkS im Durchschnitt auf 0,85 % ihres Umsatzes. Ab 20 Mio. Umsatz beträgt die Gebühr mit 0,06 % nur noch einen Bruchteil. Das Verfahren der Akkreditierung von der Antragstellung bis zur Entscheidung wird für die Bio-Initiative auf 1 bis 1,5 Jahre veranschlagt. Eingerechnet hierbei ist der Zeitaufwand für die Aufarbeitung und Bereitstellung der Dokumente dabei noch nicht. Viele Unternehmen, vor allem KMUs ziehen sich deshalb zurück und reduzieren ihren Scope, weil sie sich die Akkreditierung im bisherigen Umfang nicht mehr leisten können bzw. wollen. Hinzu kommen regelmäßige Überwachungen innerhalb des Akkreditierungszyklus. Das Intervall beträgt zwar maximal fünf Jahre, allerdings werden in diesem Zeitraum in regelmäßigen Abständen Überprüfungen durchgeführt, und zwar sowohl im Unternehmen als auch in den beteiligten Betrieben. Das ist mit zusätzlichen Personal- und Reiskosten verbunden, die sich am Markt nicht realisieren lassen und ein hohes betriebswirtschaftliches Risiko für die Unternehmen darstellen. Anpassungen der Vorgaben lösen ebenfalls eine erneute Bewertung der Teilbereiche aus. Für große Unternehmen mit eigenen Abteilungen für den Akkreditierungsprozess mag das sinnvoll sein, für kleine Unternehmen ist das aus ökonomischen Gründen nicht vertretbar.

Forschungsfrage 3: Erhöht sich durch die Akkreditierung die Akzeptanz beim Handel und Verbraucher?

Die Akzeptanz beim Handel ist eindeutig gegeben. Die Unternehmen verlassen sich auf Sicherstellung der Einhaltung von Kriterien, die einerseits vom Gesetzgeber und andererseits von den Systemgebern normiert sind. Zusätzlich werden vom Lebensmitteleinzelhandel bzw. innerhalb der Lieferkette spezifische Vorgaben eingebracht. Akkreditieren steht – wie eingangs erwähnt – für Glauben schenken und ist das Resultat von Bewertungsleistungen entlang der Prozesskette im Lebensmittelbereich. Eine konkrete Aussage, inwieweit die Akkreditierung zu einer höheren Akzeptanz beim Verbraucher besteht, ist unklar, da diese Thematik auf den Verpackungen im Regelfall nicht ausgelobt wird. Die Siegelvielfalt ist ebenfalls nicht hilfreich, da sich damit überwiegend Marketingaussagen verbinden. Vielmehr verlässt sich der Verbraucher darauf, dass die strengen Vorgaben des Lebensmittelrechts, verbunden Kontrollen entlang der Prozesskette, eingehalten und überprüft werden.

Forschungsfrage 4: Wird mit den Vorgaben der Akkreditierung der Verbraucherschutz sichergestellt?

Die Akkreditierung der Norm beschreibt die Systematik zur Vorgehensweise der Kontroll- bzw. Prüfsystematik und beinhaltet zunächst keine Vorgaben für den Verbraucherschutz. Dennoch steht sie damit im Einklang, denn die Überwachung auf Einhaltung von Vorgaben entlang der Prozesskette stellt ein hohes Maß an Sicherheit für Lebensmittel entlang der gesamten Prozesskette dar. Am Beispiel der Bio-Initiative wird das sehr deutlich herausgestellt. Die Vielfältigkeit der Kontrollmechanismen in Bezug auf den Herstellungsprozess, die Herkunftssicherung und Rückverfolgung sind dafür maßgebend. Mit der Akkreditierung erfolgt eine zusätzliche Kontrolle auf Einhaltung dieser Kriterien.

Forschungsfrage 6: Werden Tierwohlaspekte im Interesse höherer Tierschutz-Standards berücksichtigt?

Tierschutz und Tierwohl sind in der Lebensmittelproduktion inzwischen sehr relevante Themen. Es gibt sowohl von gesetzgeberischer Seite als von privatrechtlich organisierten Systemen sehr unterschiedliche Anforderungen in Bezug auf Tierwohl und deren Auslobung. Akkreditierte Systeme bzw. Label-Aussagen dokumentieren jedoch lediglich die Einhaltung der in den Systemvorgaben dargestellten Inhalte. Damit wird aber sichergestellt, dass diese transparent sind und eingehalten werden.3.6. Schlussfolgerungen

Die erfolgreiche Akkreditierung nach der europäischen Norm EN 17065 bestätigt, dass bestimmte Vorgaben im Bereich der Lebensmittelproduktion nach den gesetzlichen Bestimmungen und den jeweiligen Standards eingehalten werden. Damit wird ein hoher Grad an Sicherheit in Bezug auf den Herstellungsprozess garantiert, allerdings nur insofern, als die Vorgaben der jeweiligen Standardgeber dies bestimmen. Insoweit kann über die Qualität der produzierten Produkte keine konkrete Garantie bzw. Sicherheit abgeleitet werden. Dennoch stellt die Norm einen sehr hohen Standard dar, der im Bereich der ökologischen Produktion bisher von keinem Systemgeber nach den Vorgaben der EN 17065 erfüllt wurde. Die Bio-Initiative erreicht alle Voraussetzungen, eine Akkreditierung ist bisher allerdings noch nicht erfolgt. Der hohe bürokratische Aufwand, verbunden mit Kosten, die am Markt nicht realisierbar sind, stellt die Umsetzung bisher in Frage.

Dennoch bieten die Kriterien zur Erfüllung der Zertifizierung alle relevanten Kriterien entlang der gesamten Prozesskette und damit ein hohes Maß an Sicherheit in Bezug auf den Herstellungsprozess. Das wird allerdings auch mit den bestehenden Vorgaben umfänglich erreicht. Insofern stellt sich die berechtigte Frage nach der Sinnhaftigkeit. Aufwand und Nutzen stehen deshalb nicht in Relation zu den Kosten der Akkreditierung.

Literaturverzeichnis

AnalytikNews (2021). *Studie über Akkreditierungskosten und deren Auswirkungen.* https://vup.dehttps://analytik.news/presse/2021/216.html#:~:text=So%20belaufen%20sich%20die%20Kosten,die%20Gebühren%20der%20DAkkS%20belastet.

Crone von der, C. (2020). *CD Consulting gUG, Systemvorgaben IG Bio-Initiative 2023.*

DAkkS (2023). https://www.dakks.de/de/home.html

DIN EN ISO/IEC 17050 (2010). *Allgemeine Anforderungen für Konformitätsbewertung.* https://www.dinmedia.de/de/norm/din-en-iso-iec-17050-1/127887348

DIN-Taschenbuch 294 (2016). *Grundlagen der Konformitätsbewertung.* Beuth.

DIN EN ISO/IEC 17065 (2013). *Konformitätsbewertung – Anforderungen an Stellen, die Produkte, Prozesse und Dienstleistungen zertifizieren.* https://www.dakks.de/de/zertifizierungsstellen-fuer-produkte-prozesse-und-dienstleistungen-din-en-iso-iec-17065.html

EA European Co-operation for Accreditation (2023). https://european-accreditation.org

EDPB, The European Data Protection Board (2022). *Einheitliche Anwendung der Datenschutzgrundverordnung und deren Rechtsdurchseztzungsvorgaben.* https://www.edpb.europa.eu/about-edpb/who-we-are/european-data-protection-board_en

EEA-Initiative, European Education Area (2023). https://education.ec.europa.eu/de/education-levels/higher-education/inclusive-and-connected-higher-education/bologna-process

IFOAM (2022). *Ökologischer Landbau in Europa.* https://www.organicseurope.bio

IFS – International Featured Standards (2023). https://www.ifs-certification.com/de/

IG BIO-Initiative e.V. (2023). *Systemvorgaben für die ökologische Erzeugung.*

KAT e.V. – Verein für kontrollierte alternative Tierhaltungsformen (2021). *Vorgaben für Legehennenhaltung und umfassende Herkunftssicherung.* https://www.was-steht-auf-dem-ei.de/de/

Lebensmittelkennzeichnungsverordnung (2014). https://www.bmel.de/DE/themen/ernaehrung/lebensmittel-kennzeichnung/lebensmittel-kennzeichnung_node.html

LÖK (2022). https://www.oekolandbau.de/service/rechtsgrundlagen/auslegungen-der-eu-rechtsvorschriften/

Öko-Verordnung (2018). Amtsblatt L150/2018. http://eur-lex.europa.eu/JOIndex.do?ihmlang=de

Öko-Verordnung, Durchführungsbestimmungen (2020). Amtsblatt L98/2020. http://eur-lex.europa.eu/JOIndex.do?ihmlang=de

QS (2022). https://www.q-s.de/qs-system/qssystem-kontrollsystem.html#dokumente

Tierschutzgesetz (2022). https://www.gesetze-im-internet.de/tierschg/BJNR012770972.html

Vermarktungsnormen Eier (2008). Dokument 32008R0589, Amtsblatt L163, 2008.

Vermarktungsnormen Geflügel (2008). Dokument 32008R0589, Amtsblatt L163, 2008.

VUP Deutscher Verband Unabhängiger Prüflaboratorien (2023). https://vup.de

Steffi Bärmann[1]

4. The Influence of the Use of AI in Human Resources Development on the Relationship of Trust Between Employee, Manager and AI-supported Human Resources Development System: A Qualitative Pre-Study

Abstract: The focus of this preliminary study is the exploration of trust and trustworthiness in the relationship between employee, manager and the newly upcoming AI-supported system for human resources development (HRD). This paper aims to gain an insight into how organisations use AI in HRD. Furthermore, initial insights are gained into the extent to which employees, as the most vulnerable group, perceive AI as trustworthy and what managers do to support the development of trust. Using a systemic-constructivist epistemology, eight interviews were conducted with three HRD or related managers who are directly involved in the use of AI in the company, three implementing managers and two managers who are considering implementing AI in the future. The data was collected between March and April 2021 and analysed using a thematic analysis. The result provides insights into strategic and a variety of operational applications of AI in HR development and their connection to other HR-related tasks. In addition, the existing trust variables ability, benevolence, integrity (ABI) for interpersonal trust are reflected and expanded to include transparency. The trustworthy AI variables fairness, explainability, auditability and safety (FEAS) were analysed and revised. In addition, the concept of trust in AI was reflected upon. The present work is one of the first empirical contributions on the topic of trust in AI in HR development and thus makes a contribution to understanding the practical application of AI in HR development and provides

1 Mag. Steffi Bärmann, MEd, is an academic expert and lecturer for human resources development, training & coaching at the University of Applied Sciences for Management and Communication Vienna. She is doctoral candidate at the University of Applied Sciences Burgenland as part of the International Cooperative Cross-Border Interdisciplinary Doctoral Program in Educational & Communication Sciences. In her dissertation research, she is investigating trust in AI in human resources development. https://orcid.org/0000-0003-4872-4940, Email: steffi.baermann@fh-wien.ac.at

initial scientific findings and indications for further research on the perception of trust and trustworthiness in this context.

Keywords: Artificial Intelligence, human resources development, interpersonal trust, trustworthy AI

4.1 Introduction

Since around 2019, large companies in German-speaking countries have been using AI-supported systems in human resources development to provide employees with targeted further professional development and thus build up their own talent pool (Gratwohl, 2019; Unilever, 2019). Even if the application is currently still limited to large international companies (Vrontis et al., 2022), investments such as in the talent management software provider Eigthfold.ai, which received USD 220 million in Series E financing in 2021, valuing it at USD 2.1 billion (Eightfold AI, 2021; Singh, 2021), or the investment of HR Forecast of 16,8 million EUR in new end-to-end HR solutions (Chorna, 2021), indicate that this technologies will become more widespread.

The use of AI in human resources development is associated with ethical questions regarding fairness, accountability and transparency (Holmes et al., 2022; Tambe et al., 2019; Vrontis et al., 2022). Furthermore, the influence of the application on the decision-making of superiors is questionable (Holmes et al., 2022). The use of AI brings with it uncertainty, speed and complexity and the need for users to provide (learning) data in order to obtain high-quality results (Kaplan et al., 2023).

There are several reasons why trust is important in this context. Trust is necessary to foster collaboration and the exchange of information, innovation and learning within the organisation (Nooteboom & Six, 2003). Trust in human resource management (HRM) activities and a trusting learning environment promote performance in organisations (Gould-Williams, 2003). Psychological safety in teams is a prerequisite for trust and is also described as promoting learning behaviour and performance (Edmondson, 1999; 2008). Ultimately, trusting leadership also leads to better learning outcomes (Carmeli & Tischler, 2011). Trust reduces complexity and has a stabilising effect in organisations (Luhmann & King, 2017). Furthermore, Hancock et al. (Hancock, Billings, & Schaefer, 2011) assume that without trust, robots or even AI will not be used.

The aim of the study is to explore the use of AI in HRD and its implications on the relationship of trust between employee, manager and AI-supported system, whereby it is necessary to clarify the extent to which existing theoretical and already empirically tested variables of interpersonal trust and trustworthiness as well as human-AI trust and trustworthiness can be transferred.

The topic of trust in AI and trustworthiness is driven on the one hand by robotics (Hancock, Billings, Schaefer, et al., 2011a; Hancock et al., 2021), but also by information science (Kaplan et al., 2023) and integrative approaches (Shin, 2021a; Toreini et al., 2020). The first empirical studies on trustworthy AI (Shin, 2021a; Shin & Park, 2019) have been conducted with students. The results can hardly be transferred to the corporate context, in which dependencies between employees and managers are relevant and influence the relationship of trust.

There are initial studies on AI in HR that describe potential scenarios and address efficiency and ethical problems (Charlwood & Guenole, 2022), systematically review literature (Vrontis et al., 2022), describe the potential use of AI in talent management (Faqihi & Miah, 2023) or develop concepts for the trust in AI in HRD (Bärmann, 2022). To date, there has been no empirical work on the topic of trust in AI in the HRD context (Status: 3 April 2024).

This study addresses this problem by providing empirical data about the understanding of how AI is used in HRD, how is AI perceived as trustworthy by the employees and what managers can do to support a trustworthy relationship in this context.

Using a systemic-constructivist epistemology, eight interviews were conducted with three HRD or related managers who are directly involved in the use of AI in the company, three implementing managers as a system-external perspective and two managers who are considering implementing AI in the future as a system-environment perspective. The data was collected between March and April 2021 and analysed using a thematic analysis according to King et al. (2018).

The results of the study provide an insight into the application of AI in HRD and how AI is defined and understood in this environment.

Furthermore, the components (Ability, Benevolence, Integrity) of a trustworthy relationship between employee and manager are expanded to include transparency. The aspect of power relations is also examined in this context.

In a further step, analysing the trustworthy relationship between the employee and the AI system led to a more detailed consideration of the relationship components and a distinction between fairness and transparency (previously explainability) as perceptible via the system, and fairness, auditability and safety as background processes that are to be provided via the implementation. The relevance of the quality of results also became clear in this context.

The analysis on the topics of disposition to trust AI, trust in AI and risk shows that complete trust in AI is viewed critically and that the influence and final decision by humans is seen as paramount. There is therefore a risk of accepting AI results unquestioningly and/or accepting that someone else could be harmed by the application in the sense of discrimination/disadvantage.

The paper thus makes a contribution to science and practice and provides pointers for future research.

After this introduction, the literature on AI in HRD and Trust in AI in organisations is examined. This is followed by the description of the research design and the description of the results. The empirical results are then discussed on the basis of the literature. A conclusion with a description of the contributions for science and practice as well as limitations and an outlook for future research round off the work.

4.2 Artificial Intelligence in Human Resources Development

Earliest learning and development initiatives go back as far as the stone age, were toolmakers where toolmakers have passed on their knowledge from generation to generation and change depending on the historical context or due to key historical experiences, climate changes, political upheavals, wars, etc. (Gosney & Hughes, 2016). Such a key experience with disruptive effects could be the corona crisis in (acc. to WHO Jan 2020 – May 2023), which led to a higher acceptance of e-learning applications (Baber, 2021), as well as the emergence of AI in the corporate context and also human resources (Kaushik & Guleria, 2020).

In science, the term Human Resources Development was coined by Leonard Nadler (1970) as “a series of organized activities conducted within a specific time and designed to produce behavioral change” (in Ruona & Gibson, 2004, p. 3). One of the todays used definitions is offered by Swanson and Holton’s (2001, p. 4), who define HRD as “a process for developing and unleashing human expertise through organisation development and personnel training and development for the purpose of improving performance”. McLean and McLean (2001, p. 10) take a wider perspective, and define HRD as “any process or activity that, either initially or over the long term, has the potential to develop adults’ work-based knowledge, expertise, productivity and satisfaction, whether for personal or group, team gain, or for the benefit of an organisation, community, nation, or ultimately, the whole of humanity”.

Ruona and Gibson (2004) derive the evolution of HRM, HRD and OD into the 21st century from the dimensions of competitive advantage by Brookbank (1999, in Ruona & Gibson, 2004), from which both operational and strategic tasks are presented and delineated. In this paper, the fields of activity of HRD are particularly relevant and illustrated in figure 1.

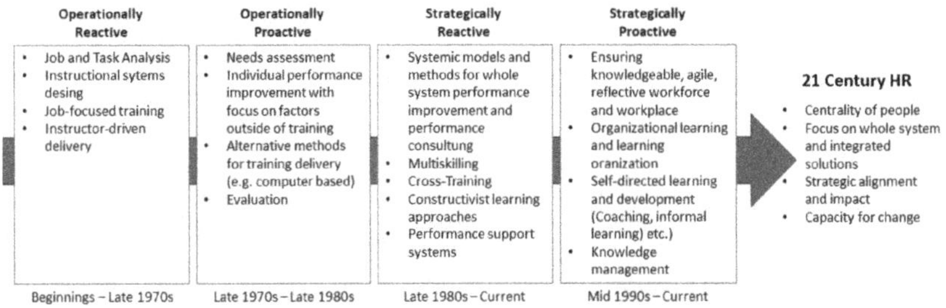

Figure 1. Evolution of HRD, taken from Ruona and Gibson (2004), construct based on Brockbank's (1999) dimensions of competitive advantage

Automation and the use of AI in HR has made it possible to connect different areas of HR management (Faqihi & Miah, 2023). In general, empirical research on the use of AI in HR is still in its infancy. Studies on the use of algorithms in the recruitment process analyse aspects such as dehumanisation (Fritts & Cabrera, 2021) or fairness (Zhao et al., 2021). There are also approaches to the development of personalised learning (Xiao & Yi, 2021) or AI-supported career counselling (Joshi et al., 2020). Faqihi & Miah (2023) develop an approach to the use of AI in talent management. The methods used are described as the use of supervised and unsupervised machine learning (ML) algorithms and neural language processing (NLP) (Faqihi & Miah, 2023). Like deep learning (DL) and generative AI (GAI), machine learning (ML) is to be regarded as a sub-area of AI (Bahn & Strobl, 2023). The term artificial intelligence was first defined by McCarthy in 1955 as "making a machine behave in ways that would be called intelligent if a human were so behaving. (McCarthy et al., 1955 in Kaplan & Haenlein, 2019)" When supervised algorithms are used, humans specify which inputs should be linked to which outputs. Less data is required, less complex tasks are solved and the susceptibility to errors is also lower (Banh & Strobel, 2023).

In contrast, unsupervised ML works without the framework of labels. Large amounts of data are required from which patterns can be recognised and clusters formed. The more data available, the better the results (Bahn & Strobl, 2023).

Table 1 shows the application of ML algorithms in various personnel management tasks (Faqihi & Miah, 2023).

Table 1. ML-Algorithms used in HRD context, extracted from Faqihi & Miah, 2023

CV Screening:	**Supervised learning algorithms**	such as Support Vector Machines (SVMs) and Decision Trees	can be used to classify and score resumes based on their relevance and suitability for a particular job
Job Matchmaking	**Unsupervised learning algorithms**	such as K-Means Clustering and Collaborative Filtering	can be used to identify and match job seekers with job opportunities based on their skills, experience, and preferences
Personality trait Assessment:	**Supervised learning algorithms**	such as decision trees or support vector machines	to classify and score individuals based on their answers to a series of personality trait-related questions. These algorithms can be trained on a large dataset of personality trait assessments to accurately predict an individual's personality traits based on their responses to the questions
	Natural language processing (NLP) techniques		to analyze written or spoken responses and extract personality traits based on the words and phrases used. This approach can be particularly useful for assessing personality traits in unstructured data, such as open-ended responses to interview questions
Training Recommendation:	**Unsupervised learning algorithms**	Collaborative Filtering algorithms	can be used to identify and recommend relevant training courses and programs for employees based on their skills, experience, and career goals

Table 1. Continued

Career Guidance Chatbot:	**Natural Language Processing (NLP) algorithms**	such as Text Classification and Sentiment Analysis	can be used to identify and analyze the questions and concerns of talent, and to provide personalized and relevant career guidance
Attrition Predictive:	**Supervised learning algorithms**	such as Random Forests and Gradient Boosting	can be used to predict the likelihood of talent attrition based on various factors such as salary, job satisfaction, and career development opportunities

4.3 Interpersonal Trust and Human - AI Trust in Organisations

In the scientific literature on interpersonal trust in organisations, various focuses can be identified. For example, Mayer et al. (1995) deal with trust between employees and top management, McAllister (1995) examines affective and cognitive trust in an organisational context, McKnigth et al. (1998) deal with initial trust, Lewicki et al. (1998) and Kramer (1999) conceptualise trust and distrust, Möllering (2005) conceptualises a trust-control duality. There is agreement on the requirement of risk, which must be present for trust to be necessary, and the expectation that the person being trusted would not intentionally harm the trusting person (Dietz & Den Hartog, 2006). In addition, the trusting person has a certain disposition to trust another person in the first place, based on experiences (cf. Mayer et al., 1995). This together leads to a decision, to trust, i.e. the willingness to make oneself dependent on the other person and ultimately to an act of trust, such as sharing information or similar (cf. Mayer et al., 1995). One of the most widely used definitions of trust is that of Mayer et al., according to which trust is: "the willingness of a party to be vulnerable to the actions of another party based on the expectation that the other will perform a particular action important to the trustor, irrespective of the ability to monitor or control that other party" (Mayer et al., 1995, p. 712). The perception of trustworthiness consists of the ability, benevolence, and integrity of the trusted person and the proposition of the trustee to trust in general (Mayer et al., 1995).

The application of AI in human resources development requires employees to provide information and can ultimately have both positive and negative effects in comparison with other employees (Chamorro-Premuzic et al., 2019).

Therefore, it is argued here that trust is necessary to enable users to share information and learn in a trusting environment.

Trust between people and between people and technology develops differently. Hancock et al. have formed a basis for human-robot trust here and define it as "the reliance by an agent that actions prejudicial to their well-being will not be undertaken by influential others" (Hancock, Billings, Schaefer, et al., 2011a). Human-robot trust requires three elements: human trust (consisting of abilities and characteristics), trust in the robot (consisting of performance and attributes), and the environment (team cooperation and tasking) (Hancock, Billings, Schaefer, et al., 2011b; Hancock et al., 2021). Toreini et al. (2020) referred to both concepts described and compared them with the ethical criteria for the application of AI discussed so far. The result is a trustworthy machine learning concept consisting of the elements of fairness, explainability, auditability, and safety (FEAS).

Addressing the perception of the trustworthiness of AI from the perspective of users in an organisation has yet to take place at present (Toreini et al., 2020).

It is argued here that the trust between artificial intelligence and humans and the trust between managers and employees is perceived in different ways than interpersonal trust. Table 2 gives a comparison of trust in humans and trust in AI definitions and components.

Table 2 shows the comparison between the definitions and elements.

Table 2. Trust in Human and Trust in AI

	Trust in Human	**Trust in AI/Robots**
Definition	(Human) **Trust** is "the willingness of a party to be vulnerable to the actions of another party based on the expectation that the other will perform a particular action important to the trustor, irrespective of the ability to monitor or control that other party" (Mayer et al., 1995, p. 712).	**Human-Robot-Trust** is defined as "the reliance by an agent that actions prejudicial to their well- being will not be undertaken by influential others" (Hancock et al., 2011).

Table 2. Continued

	Trust in Human	**Trust in AI/Robots**
Components	Trust arises under certain conditions (e.g. disposition to trust of the trustor), and trusting beliefs, (e.g. ability, benevolence, the integrity of the trustee towards the trustee), require a trust decision (to be vulnerable), and a trusted behavior (a risky action) (Colquitt et al., 2007; Dietz & Den Hartog, 2006; Mayer et al., 1995).	Human-Robot-Interaction (HRI) trust model (Hancock et al., 2011): Overarching categories of trust antecedents (human-related, robot-related, and contextual), (Hancock et al., 2021; Toreini et al, 2020).
Constructs	**Trustworthy employee/manager/ team member:** Frequently used construct consists of the elements of ability, benevolence, and integrity (Colquitt et al., 2007; Dietz & Den Hartog, 2006; McEvily et al., 2011).	**Trustworthy machine learning**: Consists of the elements of fairness, explain ability, auditability, and safety (FEAS) (Toreini et al., 2020). **Trustworthy AI:** Consists of the elements of fairness, accountability, transparency, and explainability (Shin et al., 2022).

4.4 Research Design

4.4.1 Qualitative Pre-study

There is currently no empirical research on the topic of trustworthy relationships between employees, managers and AI systems in the context of AI application in HRD. There are conceptual approaches to trust in AI in HRD (Bärmann, 2022) and the use of AI in HR (Vrontis et al., 2022) and empirical approaches to trustworthy AI (Shin, 2021b) that should be considered. Basically, however, this thesis is about capturing the research field, understanding the use of AI in HRD and understanding the perception of trust and trustworthiness in this context. For this reason, a qualitative survey is required which deals with trust as in integrative approach and, if necessary, establishes relationships between the existing constructs (Edmondson & Mcmanus, 2007).

4.4.2 Research Context: AI in Talent Management

Artificial intelligence (AI) can now provide comprehensive support to the HR department. In the learning & talent development area, AI is used for needs assessment, to drive internal re-skilling and up-skilling, and for skill matching, among other things. On the one hand, information is collected and provided internally by employees, e. g. about learning preferences and drivers, and CVs and learning progress are evaluated with the help of AI. On the other hand, AI can help to collect relevant external information from the worldwide web and identify development needs for the company and the skills required in the future. Together, this results in a target/actual gap from which development measures can be derived and made available to employees as recommendations. The platforms (Career Advisor, Talent Advisor, etc.) are also relevant for internal recruitment. Managers monitor developments and receive recommendations that they can use for employee appraisals, among other things.

4.4.3 Theoretical Sampling

The aim of the study is to gain an insight into the use of AI in talent management and to obtain initial indications of how the topic of trust is addressed from the perspective of employees and managers. Theoretical sampling was used (Coyne, 1997; King et al., 2018). For the systemic-constructivist approach it is also important to define and interview different relevant stakeholder groups, which can give their perspective on the subject (King et al., 2018). The following criteria were defined for the search for interview partners:

- Company is a large data-driven company with the parent company in the DACH region/Europe
- AI is used in HR and especially in talent management
- Interviewee is an employee and uses the AI-supported talent management system
- Interview partner is the superior manager, monitors the system and applies it
- Interview partner is an internal HR specialist responsible for the implementation of AI systems in HR and uses it
- Interview partner is an external consultant responsible for the implementation of AI systems in HR
- For the external perspective: HR managers or consultants who want to deal with AI applications in the future.

Even though the aim was to also obtain direct internal system perspectives and this could not be achieved, a balanced number of users and implementers for the current application/implementation and a future application/implementation was achieved. As a result, eight interview partners were acquired (Table 3). Table 4 gives a detailed overview of the final sample structure.

Table 3. Desired and final sample structure

Collective characteristics	**Company in the technology sector (parent) company located in DACH region/ Europe**					
	Users of AI for operational/ strategic talent management				**Potential Future Users**	
IP Perspective	Internal system perspective		External system perspective		System environment perspective	
IP roles	*User*			*Implementer*	*User*	*Implementer*
	Employees without management function	supervising manager	AI responsible Manager/ HR(D)	AI responsible Consultant	HRD Manager	Consultant
Final IP number	Not accessible	Not accessible	1 female, 2 male	1 female, 2 male	1 male	1 male
Country			CH, CH, D	D, D, CH	AT	AT

Tabelle 4. Detailed description of final sample structure

	AI – Role in the system	**General Function in the system**	**Industry**	**Gender**	**Region**
Internal system perspective					
IP 4	AI-Project Leader (internal)	Manager (internal)	Automotive	Male	D
IP 5	AI-Project Leader (internal)	HRD, Manager (internal)	Insurance	Male	CH
IP 7	AI-Project Leader (internal)	HR, Manager (internal)	IT	Female	
External system perspective					
IP 1	AI Implementer (external)	Manager (external)	Consulting	Female	D
IP 3	AI Implementer (external)	Consultant (external)	Consulting	Male	D
IP 6	AI Implementer (internal/external)	Consultant (internal/ external)	Consulting	Male	D
System environment perspective					
IP 2	Potential future user	Manager	Consulting	Male	AT
IP 8	Potential future user	HRD, Manager	Food	Male	AT

4.4.4 Structured Depth Interview

In order to explore understanding, an interview form with a holistic approach is required, so that, even if conducted at a specific moment, deeper insights can be gained. Furthermore it is aimed at gaining insight about constructs of the interview partners, the descriptions, explanations and evaluations, they come up with in the context of using AI in HRD and trust. The depth interview is a way to explore these descriptions and explanations of meaning in a non-directive style (Kelly, 2003; King et al., 2018). Questioning techniques used include paraphrasing, mirroring, associative and projective procedures, and addressing key words (Source). The interviews were conducted online.

Since a theoretical knowledge serves as a starting point, aspects that are particularly relevant to understanding the trustworthiness of AI and leadership in the context of the organisation are explored in more detail by the researcher. The in-depth interview is structured for this purpose.

The online interviews and can be recorded in audio and visual form to facilitate later analysis. The duration of the interviews is set at 60 min. The technical competence and experience on the part of the researcher is available. The main questions of the semi-structured interview guide are:

- How is AI used in personnel development?
- What form of AI is used?
- How is AI perceived as trustworthy by employees? (This is a new topic. Therefore, when not mentioned by the interview partner, the aspects of fairness, explainability, auditability and safety were mentioned by the interviewer).
- What can a manager contribute to developing trust in the context of AI application? (The general understanding of interpersonal trust was surveyed and then transferred to the role of the manager. As trust is in human is a known and experienced phenomenon, aspects from the literature [ability, benevolence, integrity] were not explicitly queried.)
- Which questions are crucial for trust in AI?

4.4.5 Analytical Perspective

A systemic-constructivist epistemology is used to interpret the results (Oliver & Montgomery, 2001). The systemic perspective is characterised by the fact that it focuses on interactions and communication between living organisms. Constructions of reality can be multi-layered. Therefore, different stakeholder groups are asked to adopt the same perspective (of the employee). This allows constructions to be compared and any patterns to be recognized (Luhmann &

Baecker, 2013). In addition, a high degree of context dependency is assumed and the complexity of the situation can be depicted. In this respect, the question of the perceived variables for the trustworthiness of AI, their explanation and significance is a very suitable approach for this perspective.

Figure 2 shows a system diagram in which potential stakeholders in the system and their connections are shown. Ultimately, only the inner system (sub-system 3) is considered. Interview partners were recruited from the system itself (No. 7 and 9) and from the system environment (No. 12). In the analysis, the HR professionals were assigned to the internal system and the implementers were labelled as the external perspective due to their distance to the system under consideration. All are required to put themselves in the perspective of the employee (no. 1) and the manager (no. 2).

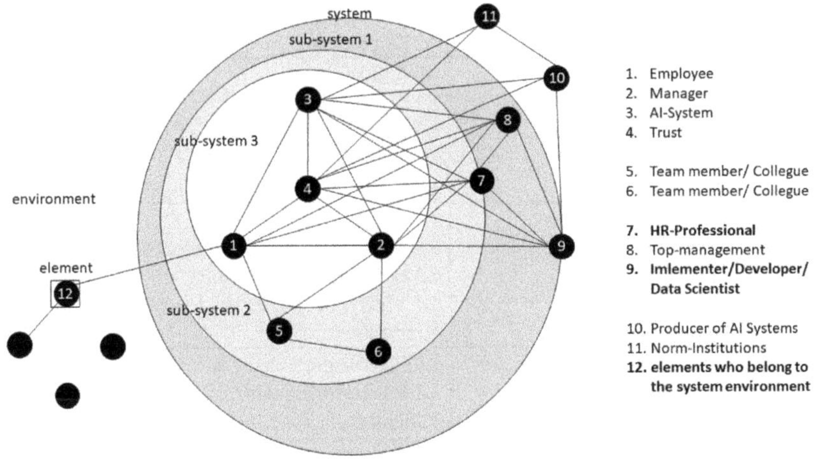

Figure 2. System drawing of the system to be analysed (sub-system 3) and the interview partners (No. 7, 9, 12)

4.4.6 Thematic Analysis

For the thematic analyses, the template analysis according to King et al. (2018) is used. This allowed to set up a priori themes that have emerged from the literature (deductive) and to adapt and supplement them on the basis of the empirical results (inductive). The analysis began with reading the interview transcripts, labelling and commenting on relevant passages in order to ultimately develop descriptive codes. In a next step, these descriptive codes were analysed, interpretive codes were formed or interpretive codes from the literature were assigned. Finally, these were assigned to the a priori themes. (King et al., 2018) In this work, these resulted on the one hand from descriptive topics on the application and definition of AI in HRD and on the other hand from the relationships to be analysed. Table 5 shows the a priori themes and interpretive codes.

Table 5. A priori themes and interpretive codes

	A priori theme	**Interpretive Codes**
1	Application of AI in HRD	1.1 Strategic orientation 1.2 Operational application 1.3 Basic principles 1.4 Legal basis
2	Definition and understanding of AI application	2.1 Definition 2.2 AI processes
3	Trustworthy relationship Employee ⇔ Manager in the context of AI application	3.1 Ability 3.2 Benevolence 3.3 Integrity 3.4 NEW: Transparency 3.5 NEW: Power as underlying dimension
4	Trustworthy relationship Employees ⇔ AI system	4.1 Fairness (M, KI) 4.2 NEW Transparency (before Explainability) 4.3 NEW: Quality of results 4.4 NEW Safety/ Security as underlying dimension
5	Human relationship ⇔ Trust in AI (not covered in humans?)	5.1 Disposition to trust AI 5.2 Trust: willingness to depend/ to rely 5.3 Risk

4.5 Findings

4.5.1 Application of AI in Human Resources Development

4.5.1.1 Strategic Orientation

Internal system perspective (IP4, 5, 7)

The interviews revealed a uniformly expressed interest on the part of companies in empowering their employees in the long term and making them competitive (IP4, 5, 7). In this way, they offer their employees development opportunities as well as their own company, well-trained specialists who train or have trained relevant future skills and thus also keep the company itself competitive. The starting point is companies' awareness that the market environment is changing, that digitalisation and the use of AI require new skills and offer new opportunities, including for product development within the company. HR is therefore challenged from several sides here, firstly to enable employees to use AI for day-to-day problem solving, secondly to develop or apply products with AI, and thirdly to automate HR processes and use AI-supported systems to recruit people, recommend further training, recommend career paths, etc.

External system perspective (IP1, 3, 6)

The consulting and implementation perspective (IP1, 3, 6) also points out that there are risky jobs and that companies must analyse which jobs are still needed and which are changing in order to be able to offer appropriate further training (reskilling and upskilling). Employees should be empowered to use the AI systems themselves, e. g. to evaluate their own competences and receive and (if necessary) implement learning recommendations. This is no longer just a matter for HR.

System environment perspective (IP2, 8)

The external perspective of interviewees who do not yet use AI systems but are involved in the topic also sees the change brought about by the use of AI, but formulates it more drastically in the sense that with the next generation of AI, "then we as humans won't even be needed (…) as a logical consequence" (IP2). The information and training of employees is also perceived as preparation for this change (IP8).

4.5.1.2 Operational Application

Internal system perspective (IP4, 5, 7)

The operational use of AI in HRD described in diverse ways. On the one hand, a fairly comprehensive use of AI in HR is reported (IP7), starting with the use of AI in recruiting, which includes CV parsing and scoring for applicants in order to both categorise CVs and provide immediate feedback to applicants. The recruited employees can then ask an AI-enabled onboarding chat bot questions that they would otherwise be afraid to ask. There is also an internal career platform with job profiles and skillsets that employees can use to assess themselves. This information can be used in employee appraisals to discuss their own further training. Managers, in turn, can use AI-supported systems to derive recommendations for any salary increases from employee performance and skills data or to get a fluctuation prediction and an idea, what kind of training or else to offer, to keep the employees within the organisation (IP 7). This rather comprehensive approach is contrasted with a deliberately limited application (IP5), in which learning & development uses an AI-supported career assistant, similar to the one just described, but decoupled from any linkage with performance and salary data. The underlying argument was that acquired skills are not yet linked to job performance. "One could have many skills but use them little and have few skills and use them extensively." (IP5) Another focus is on the training of general AI competences in order to create a company-wide basis on using AI in daily work life or for product development (IP4).

External system perspective (IP1, 3, 6)

From the consulting perspective, application aspects are mentioned in particular. On the one hand, AI-supported virtual assistants are mentioned, with the help of which employees can self-evaluate their own competences and match them against future jobs (IP1) or view their own development and annual targets (IP6). Furthermore, the use of learning platforms with AI-controlled learning paths is described, which are tailored, personalised and adaptive, whereby embedding in a learning journey is relevant and user data is collected along the learning journey (IP3).

System environment perspective (IP2, 8)

The statements from the external perspective differ in that ideas and fantasies (IP2) are described, such as the use of AI for personality tests including facial analysis, or for measuring blood pressure and emotions, similar to the bioresonance test, or avatars that could provide better feedback than managers (IP2), glasses that can scan the retina or the use of AI in coaching (IP8). Similar to the other interview partners, practical applications are also outlined, such as use in recruiting (IP2), in talent management or for predicting staff turnover (IP8).

Table 6 shows applications of AI-systems used in HRD, recruiting and overall overlapping in HRM.

Table 6. Operational Application of AI in HRD and overarching

RECRUITING *Users: recruiter, applicants*	**HRD** *Users: all employees*	**HRM** *Users: managers*
CV parsing & skill scoring for applicants	AI enabled Learning Assistants incl. Career Assistants (also called Talent-Management)	AI enabled Talent-Management incl. performance & remuneration
Onboarding chatbots	AI enabled Learning Management Systems (LMS)	Analysis about flight risk/ fluctuation
	AI competence development (AI literacy)	

4.5.1.3 Basic Principles

Internal system perspective (IP4, 5, 7)

There are statements that are formulated as basic principles, as determining components for the use of AI. This includes:

- AI should create benefits for the individual in the sense of facilitating (IP4, 7), expanding opportunities (IP5), supporting managers (IP5, 7), empowering employees (IP4, 5, 7).
- The emergence of AI brings with it a change in the job landscape and thus a risk of job loss or being replaced which companies want to counteract (IP4, 5, 7).
- AI makes suggestions and does not make decisions. Humans make the decisions (IP4, 5, 7).
- As for-profit companies, the companies are concerned with maintaining their own profitability and competitiveness, which is to be achieved by maintaining a competitive workforce (IP4, 5, 7).

External system perspective (IP1, 3, 6)

The consulting and implementing perspective also emphasises that although the machine can analyse a lot of data quickly, the interpretation is carried out by humans who ultimately make the decision (IP1, 3, 6). IP6 speaks of "AI as a whisperer" for the user.

System environment perspective (IP2, 8)

From an external perspective of those not yet using the technology, the aspects of economic efficiency and future viability of the organisation (IP2) are included, and AI is also seen as a supporter of humans, who ultimately weigh up and make decisions (IP8). Interesting additional thoughts were shared here. On the one hand, the aspect of changing the world away from efficiency-driven and a "We are good at making processes faster, better, cheaper, ..." towards disruption and new business models (IP2), and away from a causal chain of logics towards a complex world (IP8).

4.5.1.4 Legal Foundations

Internal system perspective (IP4, 5, 7)

All interviewees mentioned the legal framework conditions. On the one hand, these vary and are stricter in the automotive industry than in the consumer industry, for example, and on the other hand, there are not yet really any "regulations, laws, state of the art, precedents" (IP4), especially with regard to AI applications. A distinction is then made between cyber security against external attacks (IP4) and data security, i. e. the use of data for intended purposes as defined by the GDPR (IP4, 5, 7). There are people in the company (e. g. Legal and Compliance) who are in charge to check this. In terms of implementation, it is also particularly important to determine which data can be used in which form and for which purposes in a personalised manner, which can be processed in a depersonalised/anonymised manner and which cannot be processed (IP4, 5, 7). The works council is named as the general representative of interests and point of contact for employees (IP7).

External system perspective (IP1, 3, 6)

The advisory/implementing perspective describes the responsibility for the data as lying with the company, i. e. data collection, access and data controlling remain within the company (IP1, 3), whereby the GDPR must be complied with and the auditors can also slow down the progress of development (IP6). In general, scenarios are possible in which data is processed separately from individuals or is also processed in a personalised manner, whereby there must always be a specific purpose (IP1, 6). It is also clear that personalised results also require personalised data (IP6).

System environment perspective (IP2, 8)

Interviewees from the system environment see the works council as an important partner for the protection of the workforce that needs to be involved (IP2, 8). Data protection is mentioned to the extent that it is perceived as no longer being guaranteed and also desensitised among people (IP2).

4.5.2 Understanding of AI Used

Internal system perspective (IP4, 5, 7)

The level of knowledge about which form of AI is used is described differently.

At the moment, "deep learning, i. e. machine learning, is being used. This is not yet super self-learning intelligence" (IP4). The difference to previous software programming is that AI needs a lot of data. This gives it good opportunities to find better solutions than classic algorithms in the past (IP4). On the other hand, the application needs a high intensity of testing and validation before the results can be trusted (IP4). In general, it's not witchcraft, but something you can learn (IP4).

On the other hand, it says "the result is relevant, not which AI is behind it" (IP5). "It all started with an Excel file" (IP5), in which data was collected and analysed. This was then transferred into an AI-supported tool, which learns from a mixture of supervised and unsupervised algorithms (IP5). "The tool learns from job adverts how the world of work is changing. (…) The skills database in the background is cleaned up by humans." I. e. the final fine-tuning is done by humans. It is not 100 % automated (IP5).

In contrast, IP7 describes the need to know how the AI was built and how the results can be viewed. It is about being able to recognise patterns and tendencies and whether there is a factor that triggers these tendencies and whether this factor corresponds to the ethical values of the company (IP7).

External system perspective (IP1, 3, 6)

A similar picture emerges from the consulting/implementing perspective. On the one hand, it is described that it is often not specified whether and what works with AI and that this is not so bad from the user's perspective, because the personalisation of the results is in the foreground (note: application of personalised learning paths) (IP3).

On the other hand, there is caution when it comes to self-learning AI. "This should be treated with a lot of caution, because you have to make sure that self-learning AI outputs is still correct and that it makes sense." (IP6) Unsupervised ML algorithms are therefore more likely to be used in the development of software programs in order to reduce development time. Most use cases then work with supervised learning (IP6).

System environment perspective (IP2, 8)

From the perception of the interviewees, who have had no previous contact with AI in a corporate context, it is sometimes unclear what AI is and what lies behind it (IP2). AI is perceived as such when the system "analyses, networks and interprets large amounts of data and only when suggestions are generated from this is it also AI." (IP8)

4.5.3 AI Processes

Internal system perspective (IP4, 5, 7)

Various AI processes are described.

On the one hand, unsupervised learning, which has so far been used for the development of software/prototypes (IP4, 6), involves building a fence around the algorithm. Within this topic, the algorithm can develop wherever it wants and can continue learning. There are certain rules about what the algorithm is not allowed to do. The potential is not fully utilised here (IP4).

For example, it is described that the tool learns from external job advertisements how the world of work is changing (IP4) and does this on the basis of a mixture of unsupervised and supervised algorithms (IP4).

With regard to supervised learning, it is clearly described that a human, for example, cleans up the skills database (IP5) and carries out the fine-tuning (IP5).

The role of the human being is described here as one who must be clear about "how the AI was built/written and how results are viewed" (IP7). The process of linking logics and the reason why I decided in favour of a logic should be documented (IP7). The interpretation and the recognition of trends (IP7) are also the responsibility of humans. The AI compares the data to make a suggestion, but the human always makes the final decision (IP4, 5, 7).

With regard to data sources, specially selected ones and LinkedIn are described, whereby the latter was described as not comprehensible in the result (IP5). Furthermore, a desired diversity of data is discussed (IP7).

External system perspective (IP1, 3, 6)

There are tools that are used, i. e. skill frameworks, job descriptions and skill profiles (IP1). The role of humans in the development of AI processes is also described from the consulting perspective: "It is necessary to look at how the algorithm reacts to the information it receives, especially in the case of personal data" (IP1). A team of technical experts (HR + content experts) defines what the algorithm should do on the input and output side, and checks the matching results and their meaningfulness (IP1). Also from this perspective, the role of the human being is described as the one who interprets and ultimately decides (IP1). The machine provides support and can quickly process and analyse masses of data (IP1).

It is also described here that self-learning algorithms are used with great caution because it must be ensured that what self-learning AI outputs is still correct, that it makes sense (IP6). Self-learning AI is therefore used less in the application and more in the development phase in order to reduce development time. Most use cases work with supervised learning (IP6). Data quality is also addressed here and it is described that historically poor data leads to poor results (IP6).

The AI process is divided into at least two steps: Step 1 is to make the AI as usable as possible (IP6). Step 2 is more difficult for those who receive the recommendations, e. g. recruiting, when it comes to not having time to read 100 CVs, for example, then the AI system can produce the top 5. As a recruiter, I then have less insight, and that is a danger, maybe it is the 5 best, but what is best? This is due to the historical amount of data and this should be checked by someone who understands HR. The recruiter has no sovereignty and does not look at 95 other CVs. That's the crux of the matter and the problem (IP6). "The AI decision system consists of probabilities that say 99 % of the time this is a good person, but it neglects the fact that this is not the only information you need, but also reasoning. That is the higher art." (IP6)

In Recruiting, the system provides the decision as to which are the 5 best CVs, e. g. a percentage and the reasoning as to what was fulfilled and what was not. In education, there is a recommendation about the next possible suitable training course and a reason, e. g. because the training course has already been viewed, because that is your career path. There is no common universal approach. (IP6)

This also applies to management decisions, e. g. a new employee is to be hired, a career decision is to be made, salary increases, etc. The question is, when is the right time? We have systems within the company that tell you when the right time is and provide a reason (IP6). The system "whispers" to the manager that something needs to be done with the person, or that there is a risk of the person leaving the company. The manager can use this as input, but they decide for themselves whether this is justified or not, or whether it needs to be discussed again (IP6). And if you don't believe a recommendation, you have the opportunity to rate the recommendations 'Thumbs up, thumbs down'. It's not that easy to set up a perfect recommendation system, but you have the chance to feed feedback back to the system and improve recommendations in the future based on the historical database from which you learn (IP6).

In contrast, it is described on the subject of learning platforms that the companies purchase the software with the "AI engine" and no longer change it (IP3). The engine enables adaptive learning for users. It is not necessarily transparent to users that AI is working in the background. It is more about personalised learning, which is interesting (IP3). Data is collected along the learning journey: how, what is learnt, progress, skill assessment, suggested learning content, learning experiences offered. This data is company property, which also means that companies have access to the learning history of users and that data controlling remains within the company. The learning behaviour and learning outcomes of employees in the LMS are therefore transparent for companies (IP3). Even if it were theoretically possible, companies generally do not use learning data for performance assessment. This means that there is no risk for employees when using the LMS. (IP3)

System environment perspective (IP2, 8)

The external perspective also describes the AI process as still being "manually triggered in the system by people" (IP8).

Table 7 shows the use of the algorithms supervised and unsupervised ML algorithms in the AI system development and application process and figure 2 tries to map the understanding of human and AI-system roles in the AI development and application process.

Table 7. Use of supervised and unsupervised ML algorithms in the AI system development and application process

Supervised ML algorithms			Tool/product application, e. g. internal data collection and analysis
Unsupervised ML algorithms		Tool/product application, e. g. external data collection and analysis	
Unsupervised ML algorithms	Tool/product development		
	Low-risk Still no real life impact	**Lower-risk e. g. anonymised/ generalised external data**	**Higher-risk e. g. internal recommendation system**

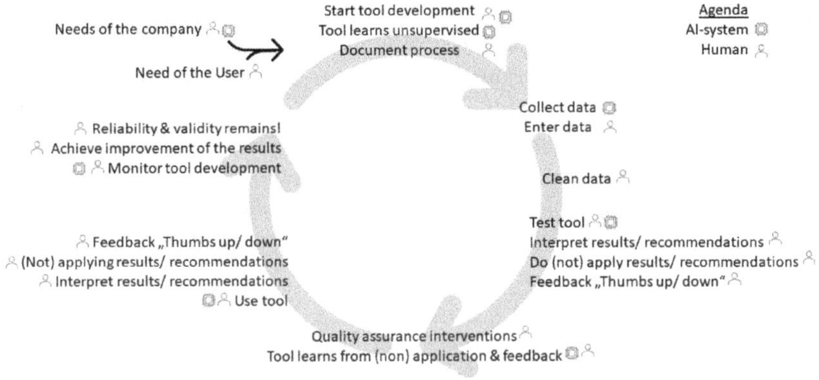

Figure 3. Understanding of human and AI-system roles in the AI development and application process

4.5.4 Trustworthy Relationship between Employee and Manager in the Context of AI Application

The aim here is to present descriptions of the trustworthiness of the relationship between employees and managers. Based on the literature research, the descriptions of Ability, Benevolence and Integrity are first presented deductively.

4.5.4.1 Ability

Internal system perspective (IP4, 5, 7)

The task of managers in the context of AI application includes educating and informing employees about what AI is and what the company's view of it is (IP4, 7). Employees, on the other hand, need to be willing to engage with these issues and inform themselves or utilise the information provided by the company (IP4, 7). For both sides, managers and employees, it is necessary to be able to assess and weigh up news from the media, which tends to be negative (IP4, 5).

It is also important for managers to withstand the pressure of expectations from management and customers that the use of AI will make everything faster and better (IP4) and thus also protect their employees (IP4). In order to do this, managers in particular are required to understand and want to understand the technical aspects of AI (IP4, 7), i.e. what an AI is, how it is structured, what is self-learning, not self-learning, why do I need so much data, how are results viewed (IP4, 7). They must also have human components (leading, talking, approaching people) (IP4, 7). This means there are more and more demands on managers (IP4).

In the area of learning and development, the use of AI is seen as a support for managers, on the one hand to withstand the operational pressure to perform and on the other hand to be able to provide strategic development plans for employees (IP5). The use of AI for employee development is particularly important and suitable for managers who generally consider the further development of employees to be important (IP4, 5, 7).

In the extended area, where AI recommendations are also made on the basis of skills, salary and performance data as an interplay, it is described as necessary for managers to be able to recognise where there are differences and gaps (IP7).

Here, the recommendations serve, among other things, as an introduction to an appraisal interview in which managers have to argue their decision and also the recommendations of the AI and, on the other hand, employees are encouraged to ask questions if they do not understand something or do not agree with something (IP7).

External system perspective (IP1, 3, 6)

The external perspective describes that managers do not really need to have expertise, but awareness (IP1), i.e. the manager trusts the technology experts in the team and ensures that "everyone has what they need to get the result" (IP1). Similar to the internal perspective, it is described here with regard to the topic of learning & development that it is the task of the manager to "perceive learning as something important", not just to dismiss it as fun, but to emphasise the benefits and promote the transfer into practice (IP3). Managers are also seen as having the competence to conduct the dialogue with the employee and to argue an AI-supported recommendation or their own decision based on it. It would be a sign of uncertainty or possibly a lack of time if the manager delegated the decision to the system (IP6).

System environment perspective (IP2, 8)

From the perspective of the system environment, reference is also made to the fact that it depends on whether managers make decisions in their own interests and for their own protection or in the interests of the organization (IP1). Managers should protect their employees (IP1).

Furthermore, it becomes clear that employees need to be informed and brought on board by the company management – regardless of the use of AI – but should also inform themselves (IP8).

4.5.4.2 Benevolence

Internal system perspective (IP4, 5, 7)

The benevolence is not directly addressed or rather the opposite, an undesirable behaviour of the managers is addressed, in which, for example, they tend to make decisions out of self-interest and do not care about the possible negative consequences for the employees (IP7). Showing employees development opportunities (IP5, 7) instead of dismissing them, i.e. developing them internally, could also be seen as a concern on the part of management and executives and thus be subsumed under benevolence. Similarly, the protection of employees in the sense of help in the event of problems should be categorised as goodwill (IP4, 5, 7).

External system perspective (IP1, 3, 6)

In the external system perspective, similar to the internal perspective, it is described that trust could be exploited if the information received is used for one's own purposes and to the disadvantage of others (IP3). It is also mentioned that being able to share problems without the risk of this being exploited is part of a trusting relationship (IP3). Furthermore it is described that in critical moments, it is important that the manager listens, looks into the problem and tries to understand it, rather than saying "Trust the machine" (IP1).

System environment perspective (IP2, 8)

In this perspective, too, the role of the manager as protector of employees is described (IP2) and also described as increasingly difficult to perceive, as there is more and more virtual collaboration and thus more distance between employees and managers (IP2). "Trust arises from interpersonal relationships" (IP8), i.e. through personal contact and in the ability to explain to employees why the use of AI is important for the company, but also for the employees (IP8).

4.5.4.3 Integrity

Internal system perspective (IP4, 5, 7)

Fairness is then shown in the further treatment by the manager (IP7). Employee fairness is particularly relevant in teamwork (IP4), as it involves sharing information and presenting results, and there is a risk of embellishing oneself with other people's feathers. Furthermore, fairness is created by not using personalised data to compare employees, but by using external market data for salary, for example, and measuring employees against this (IP7). Interesting here is that is mentioned, that AI results can be fairer than human decisions and mistakes in bias can be found and repaired (IP5, 7).

Agreements are described as fundamental in the AI context (IP4, 5, 7), i.e. there are agreements that "HR and all managers above you can see the data, you can share data with other people yourself" (IP5), and you should be at least 80 % sure that it will be adhered to (IP5).

It is described as advantageous to promote employees and not to dismiss them. The interest in further training and career development is also mentioned on the employee side (4, 5, 7).

External system perspective (IP1, 3, 6)

A trustworthy manager sets expectations that are met, takes employees' interests into account when making decisions and does not exploit them (IP3).

System environment perspective (IP2, 8)

"If the management is transparent, says what AI is used for and is credible, then people will go along with it" (IP2).

4.5.4.4 Transparency

Internal system perspective (IP4, 5, 7)

Transparency is described here to the extent that there are agreements that are concluded with the employees and it is clear to them that data is collected, for what purpose this is done and also that they can voluntarily provide data or not (IP 4, 5, 7).

It is also described that AI can be more transparent in its decisions than a human being. A human can make a decision and not give the real reason behind it (IP7).

External system perspective (IP1, 3, 6)

Learner data is transparently accessible to the organisation (IP3). Employees are encouraged to enter data in order to maintain good data quality (IP6).

System environment perspective (IP2, 8):

no details available

4.5.4.5 Power

Internal system perspective (IP4, 5, 7)

The spheres of influence of employees and managers are also worth mentioning in this context. While managers also keep an eye on their own interests, maintaining or strengthening their power (IP 7) in addition to their decision-making power (IP 4, 5, 7) and information advantage (IP 5, 7), a basic attitude of promoting employees also promotes their position with regard to decision recommendations by the AI (IP 4, 5, 7) or could have an obstructive effect if they do not live the idea of promotion and development (IP 5, 7). In contrast, employees have strength and, so to speak, power through the possibility of asking questions if results do not appear consistent or fair (IP 5, 7), or of turning to the works council (IP 7). "People are energy-driven. (…) An interview costs more energy than applying elsewhere" (IP7). This is a risk for the company that it loses employees despite the effort made.

External system perspective (IP1, 3, 6): Power

The company's information advantage is also described in the external perspective, in that they can understand learning behaviour and learning outcomes (IP3). It is also mentioned that employees could also manipulate a system if they knew the reasoning behind it. They could then only "do things that are relevant to promotion" (IP6).

System environment perspective (IP2, 8): Power

Information power is also described in this perspective "Employee emancipation could be pushed down by AI because the company has more information and can leverage the employee" (IP8). On the other hand, employees have a works council, trade union … at their disposal, to which they can turn and through which pressure can be exerted.

Table 8 shows the Coding levels for „Trustworthy relationship between employee and manager in the context of AI application".

Table 8. Coding levels for „Trustworthy relationship between employee and manager in the context of AI application"

Overarching theme: Trustworthy relationship between employee and manager in the context of AI application				
Interpretive Codes	**Descriptive Codes**		**Descriptive Codes**	**Interpretive Codes**
Ability (Employee)	• Obtain information about AI • Use AI recommendations for your own further development • Demanding and arguing the right to dialogue	⟵ ⟶	• Explain AI & clarify AI benefits • Promote the further development of employees • Do not simply adopt AI recommendations, but decide & argue for yourself	Ability (Manager)
Benevolence (Employee)	Not recognised	⟵ ⟶	• Listening to problems • Do not act out of self-interest • Protect employees	Benevolence (Manager)
Integrity (Employee)	• Provide correct, non-manipulated data • Value/principle: not to be dismissed, but to develop further • Voluntary use of the system	⟵ ⟶	• Making fair decisions • Value/principle: Do not dismiss employees, but promote their development • Adhere to agreements on data use	Integrity (Manager)

Table 8. Continued

Overarching theme: **Trustworthy relationship between employee and manager in the context of AI application**				
Transparency (Employee)	• Enter your own learning and development data into the system	⇆	• Make agreements on data use • Be transparent about the purpose of data use • Be transparent about access to data	Transparency (Manager)
Underlying dimensions, which influence a trustworthy relationship				
Power (Employee)	• Power through the possibility of asking questions if results do not appear consistent or fair • Turning to the works council • Could manipulate the AI system • Leaving the job organisation	⇆	• keep an eye on their own interests, maintaining or strengthening their power • Decision-making power • Information advantage	Power (Manager)

4.5.5 Trustworthy Relationship between Employee and AI-system used in HRD

4.5.5.1 Fairness

Internal System-Perspective (IP4, 5, 7)

With regard to fairness, it is described that AI is more comprehensible than humans (IP7). A human can be driven by bias, but does not have to disclose this so that an affected person cannot react. With AI, you have the opportunity to find the error and correct it (IP5, 7). Fair results are considered important in that an employee who is not considered in comparison to another employee, e.g. in terms of salary, although they are equally good, will seek a dialogue or leave in the long term (IP7).

External System-Perspective (IP1, 3, 6)

The consultants and implementers mentioned that, for example, AI matching tools do not achieve the same results in comparison, although they were advertised with an accuracy of 99 % (IP1). It was also described that the issue of bias is not specifically formulated and taken into account in practice (IP3).

System environment-Perspective (IP2, 8)

No descriptions made.

4.5.5.2 Transparency (former Explainability)

Internal System-Perspective (IP4, 5, 7)

Explainability was not used as a term, rather transparency and comprehensibility. Not all IPs talk about transparency. Those that do address the topic are very similar in their statements:

Transparency is provided by the system to the extent that users "can look at why a result was produced" (IP5). AI results are comprehensible, i.e. the information and evaluation modes used are transparent" (IP5). "With the internal system, all suggestions are based on the data you have entered yourself. You can control what the machine sees and what it doesn't see (IP5). Furthermore, AI is described as more comprehensible than humans can be, "With AI it is comprehensible, not with humans, who can be bias-driven and do not have to disclose this. (IP7)" With AI, it is possible to find and correct a mistake (IP7). Transparency is described as a key factor for employees (IP7).

External System-Perspective (IP1, 3, 6)

On the one hand, it is described that "learning behaviour and learning outcomes of employees in the LMS are transparent for the company" (IP3). Furthermore, it is described that trustworthiness arises in the interaction with the user and in the system's explanation of what the result now means (IP6). The system provides reasons as to why, for example, an applicant shortlist has been created or why a particular training programme has been suggested (IP6). On the other hand, the reasoning is not made completely transparent so that users do not begin to behave solely in the interests of the system and manipulate it (IP6).

System environment-Perspective (IP2, 8)

The external perspective describes the idea that in the end you no longer really know what is behind the AI, how it works (IP2).

4.5.5.3 Quality of Results

Internal System-Perspective (IP4, 5, 7)

When using AI in everyday working life, it is important that the results generated are accurate and reliable, e.g. in controlling (IP4). In general, it is also important whether the suggestions made are helpful and useful (IP5). At the same time, it is mentioned that sense is not an added value (IP5), but contributes to building trust in the sense of "Ok, I can do that too" and leads to further use of the AI recommendation system (IP5). It is important to bear in mind here that the expectation is not that the suggestions are perfect, but rather comparable to a "holiday catalogue" (IP5), with career steps and further training offered and one of them fits, but many may not fit (IP5).

External System-Perspective (IP1, 3, 6)

The quality of results is described in different ways. On the one hand, it is important that the results make sense for the user (IP1, 6). The meaning is described here as a "cross-industry career path" (IP1), which is not always seen as meaningful for HR (IP1). The results should also be correct (IP6), but they are not always: The tools used do not give the same results according to tests, although they have been advertised with an accuracy of 99 % (IP1). Furthermore "the quality of the answers should be good and continuously improving and always correct" (IP6). The quality of the results also includes how they are determined. Employees expressed the wish that the bot should be friendly (IP6).

System environment-Perspective (IP2, 8): Sinnhaftigkeit, Ergebnisqualität

In der system environment wird die Grenze aufgezeigt, in dem beschrieben wird, dass der Mensch eine Moral hat, die man mathematisch nicht ausdrücken kann (IP2).

4.5.5.4 Security/Safety

The topic of data security has already been dealt with in the chapter on the use of AI in HRD. It will therefore not be discussed again here. However, the aspects are considered relevant in this regard, but to the extent that they must be guaranteed by the company as a basis.

Table 9 shows Coding levels "Trustworthy relationship between employee and AI-system used in HRD".

Table 9. Coding levels "Trustworthy relationship between employee and AI-system used in HR*D*"

Overarching theme: Trustworthy relationship between employee and AI-system used in HRD				
Interpretive Codes	**Descriptive Codes**		**Descriptive Codes**	**Interpretive Codes**
Fairness (Employee)	• Enter correct, non-manipulated data	⇆	• AI systems have the same results in comparison • AI systems give fair recommendations	Fairness (AI-System)
			• *AI bias comprehensible and remediable (human bias may be present but not disclosed)* • *Formulate and consider bias* • *Data diversity*	*Fairness (AI-process/ Implementer)*
Transparency (Employee)	• Provide information themselves (**voluntary**) • Decide for themselves which data they provide and which not • Can check for themselves why, which results were achieved	⇆	• Transparency of information and evaluation modes • Explanation of the system, based on which criteria the result was determined, is provided • Transparency about who can view the data	Transparency (AI-System)
			• *Documentation of AI development and intentions (Auditability)*	*Transparency (AI-process/ Implementer)*
Quality of results (Employee)	• Provide complete, correct information	⇆	• Fast and good results • AI system does what I need it to do • Meaningful results • Comparable results over time • AI bot is friendly	Quality of results (AI-System)

Table 9. Continued

Overarching theme: Trustworthy relationship between employee and AI-system used in HRD				
Underlying dimensions, which influence the trustworthy relationship, but are provided by the organization				
Safety/ Security (Employee)	Not recognised	⟵ ⟶	• Legal framework conditions are complied with: GDPR, works council • Cyber security: Security against hacker attacksisguaranteed	Safety/ Security (Organi-zation)

4.5.6 Trust between Employee and AI-System used in HRD

4.5.6.1 Disposition to trust AI

Internal System-Perspective (IP4, 5, 7)

Experiences with AI tend to be badly influenced by the news (IP5) or expectations of AI are unrealistically high, so that trust in AI can fall because they cannot (yet) be fulfilled (IP4).

There are also some concise statements: "There is no such thing as trust in a tool. It depends on the environment in which this tool is placed" (IP5). "AI is a tool, like a hammer, and humans are responsible for errors" (IP5). "Trust in the machine is an offshoot of trust in people" (IP5).

External System-Perspective (IP1, 3, 6)

Also the consulting perspective describes a reserved disposition to trust: "I wouldn't trust the machine blindly, but I also can't say that I wouldn't trust it at all" (IP1). In any case, you should "be open to things that don't seem directly logical to us" (IP1). On the other hand it is mentioned, that AI is generally perceived as positive (IP3).

System environment-Perspective (IP2, 8)

The external perspective mentions: "Humans have a morality that cannot be expressed mathematically" (IP2). "I wouldn't know if I could trust an AI completely" (IP2).

4.5.6.2 Trust: Willingness to Depend/to Rely

Internal System-Perspective (IP4, 5, 7):

The willingness to depend is not described directly. It is mentioned, that trust needs testing (IP4) and time (IP4, 5) because certain things must not happen (IP4). Younger people are described as more willing to act, as they straight from university tend to think it's cool, test it five times and then unleash it on humanity (IP4). It is also described distrust in the sense of "I don't trust blindly, is valuable (IP5)." Categorical mistrust in the sense of 'I don't want it at all' is described as not good, because then "you lose market and competitiveness" (IP5). Therefore, reduce mistrust of AI and promote its use, there is no other alternative (IP5)

Not descriptions in the *External System-Perspective (IP1, 3, 6) and System environment-Perspective (IP2, 8)*

4.5.6.3 Risk

Internal system perspective (IP4, 5, 7)

The risk feared by employees that AI will replace them is described here as unintentional. AI should make life easier and not replace anyone (IP4). However, there is talk of changes in the skills required and that these need to be trained, i.e. no one should be made redundant, but as many as possible should be made fit for the future (IP5, 7). Furthermore there is a risk of bias if bad data is used (IP4, 7). Ultimately, managers can also simply adopt AI recommendations, even after employees have sought dialogue (IP7).

External system perspective (IP1, 3, 6)

The relevance of historical data is also described, which, if it is bad, is responsible for poor results (IP6). On the other hand, the risk of manipulation of the systems by the employee, who ultimately only does more things in order to be promoted, for example, is pointed out (IP6). Managers are described as confident enough to make reasoned decisions and not just adopt AI recommendations (IP6).

System environment perspective (IP2, 8)

In the external environment perspective, scenarios are described as risky, such as the use of AI for blood pressure measurement & emotion recognition (similar to bioresonance testing), which is very intimate and causes participants to feel anxious (IP2). The tracking and interpretation of emotions would also cause anxiety among employees (IP2). Employees could generally be pushed down in their emancipation through the use of AI, as the company has more information and can override the employee (IP8). A future scenario is described in which a superintelligence is able to manipulate human decisions (IP8). The risk of a general loss of jobs due to AI, "which will take over these jobs as a logical consequence for humans" (IP2), is also mentioned.

Table 10 shows coding levels of "Trust between employee and AI-System used in HRD".

Table 10. Coding Levels "Trust between employee and AI-System used in HRD"

Overarching theme: Trust between employee/ manager and AI-System used in HRD				
Interpretive Codes	**Descriptive Codes**		**Descriptive Codes**	**Interpretive Codes**
Disposition to trust AI (Employee)	• Influence of bad news about AI • New mindset important • Trust is built over time and through testing • There is no such thing as trust in a tool.	⇆	not collected	Disposition to trust human (AI-System)
Trust: Willingness to depend/ to rely on AI-System (Employee)	• Reliability of results is important • blind trust is not good • Mistrust in the sensc of "I don't use it, it's no good"	⇆	not collected	Trust: Willingness to depend/ to rely on humans (AI-System)

(continue)

Table 10. Continued

Overarching theme: Trust between employee/ manager and AI-System used in HRD				
Risk (Employee/ Manager)	• Employees manipulate data history • Manager adopt recommendations uncritically, unquestioningly for their own benefit and accept a potential disadvantage for others • Generally: people fear to loose their job due to automation	⇆	• Results/ recommendations are not good, unfair compared to others, not comprehensible	Risk (AI-System)

4.6 Discussion

One aim of the study was to explore the use of AI in HRD. Various tasks for HRD emerge from the literature (Ruona & Gibson, 2004). Those from the strategically proactive area, such as agile workforce and self-directed employee learning, are particularly relevant here. Similarities can also be found in the literature on talent management (Faqihi & Miah, 2023) in that the processes of learning and career management or fluctuation tendencies can be linked. What is interesting about the empirical results is the different forms of application, from strictly learning recommendations only, to learning recommendations in combination with career recommendations, to a comprehensive integration of the employee life cycle from recruiting, onboarding, learning, performance management and renumeration through to flight risk.

In summary it can be said, that on the one hand, HR tries to be active in its own system, i.e. either to automate its own processes and in doing so to further develop employees or to support HR. Another classic approach is to enable employees to cope with new requirements such as the use of AI and to provide further training in this regard. There is still a very heterogeneous picture in the application of AI, which may be due to the novelty of the topic. Attempts are being made to get to grips with relevant use cases, but there is still no silver bullet. It is possible that the number of use cases could be expanded in further surveys and topics such as the calculation of a gender pay gap or workforce planning (also) in the sense of a more balanced deployment of men and women and others could be addressed. In any case, it is interesting to note that there are differences in terms of what is regarded as relevant applications.

Furthermore the differences that emerge here in the descriptions of the interviewees may result from the proximity to the implementation of AI applications, so to speak, the further away someone is from an actual AI application in the company, the more creativity there is in the application ideas. When it comes to implementation, there are legal restrictions, for example, that only allow certain practices and make them useful.

The second aim was to find out how AI is understood and defined in the context of HRD. The talent management literature (Faqihi & Miah, 2023) describes algorithms that correspond to the empirical descriptions. An attempt was made to derive a development process from the empirical data. This could possibly be compared with the machine learning cycle described in Toreini et al. (2020).

It can be said, that the HR(D) managers and implementers interviewed where more concerned with processes that they can describe and not with the background or technical functioning of the AI system. It could also generally be the case that the explicit technical background is not relevant for the people using the system. Looking further into the future, this picture could change and knowledge about what constitutes AI, what it can and cannot do, could on the one hand be more firmly anchored in general knowledge and on the other hand be imparted by companies in further training courses on AI literacy.

Question three focused on the trustworthy relationship between employee and manager. For the interpersonal trust between employee and manager, the literature describes in particular the components Ability, Benevolence and Integrity (Mayer et al., 1995). These were also used here to carry out the thematic analysis. With regard to Ability, the aspect of supporting employees in their development in particular is congruent here. The competences on the topic of AI are new. Transparency is a new component and Power is a new influencing factor for the relationship. The presentation of the components in a relationship grid is generally new. The descriptions here are not always congruent, i.e. they do not always interact, and different behaviors are required.

It can be said here that transparency was one of the most common themes among the interviewees, both in their interpersonal relationships and in their relationship with the AI system. This could be related to the change process associated with the deployment, or a longer-term element of building trust. This will be interesting to observe in the longer term.

Question five related to the trustworthy relationship between employee and AI system. Here, too, there are similarities and differences to the literature. On the one hand, the topics of fairness and transparency are very present. The words explainability and auditability (Shin, 2021a; Toreini et al., 2020) were not used by the interviewees, instead they used the word transparency. In the descriptions, the focus was on a mixture of traceability of how the results were obtained, explanations of the decision-making criteria for the recommendation and transparency of the information and use of data. In general, it is interesting to differentiate between the perception of the system and the less perceptible underlying processes, i.e. what the implementers/data scientists do in the background so that the results can be perceived fairly or so that they are comprehensible. An important point is the quality of the results. If the results make sense and are repeated over a longer period of time or even improve and remain correct, this is perceived as positive and trustworthy. This could be congruent with the usefulness from the technical acceptance model (TAM) (Davis, 1989).

To summarise, it can be mentioned here that the system perspectives (internal, external) already have experience with the internal applications and describe specific examples that arise in the context of the application and what role transparency plays. From the external perspective, the description remains rather global. Seen in context, this indicates that it is important to inform employees and create transparency by providing explanations supplied by the system.

Ultimately, the topics of the disposition to trust AI, trust in AI in general and the existing risk were addressed. The disposition to trust develops from previous experiences, possibly from childhood (Mayer et al., 1995). Here, the previous experiences were described as negative and nurtured by the media and films. A new mindset and positive experiences are necessary to build up the disposition to trust. None of the interviewees expressed complete trust in AI in the sense of 100 % trust. This was rather questioned as to whether it is possible and reasonable. Similarly, mistrust in the sense of "I don't use it at all." was not approved of. It was described several times that AI is a support and that humans are responsible for the final decision. In this respect, trust in a tool is more a reflection of the trust of the person behind it. The risk of the AI system lies in the fact that it can produce false, discriminatory results, even unintentionally, and that people on the other hand accept these results uncritically and unquestioningly.

It can be interpreted as describing potential fears that need to be counteracted. These thoughts do not arise in the system-internal perspective. It is more about losing the job, in the sense of being displaced by AI, which the company wants to counteract through further training. It is also clear that companies are currently still working with supervised algorithms under human supervision and control.

For the end user, unsupervised ML is currently not used for internal company processes, or only to a very limited extent. It will be exciting to see how a super intelligence that does not yet exist will be used and legally safeguarded.

4.7 Conclusion

4.7.1 Contribution to Literature and Practice

There are four contributions made to enhance scientific literature.

First, the empirical literature is enriched by one contribution, in which concrete descriptions of the application of AI in HRD and HR with the underlying algorithms and processes can be found.

Secondly, the literature on interpersonal trust between employees and managers in the context of AI application in HRD in organisations was expanded to include the topic of transparency. The aspects of Ability, Benevolence and Integrity were specified to the extent that they are described in terms of the relevant requirements in the context of application in HRD in organisations. These results have the potential to be transferred to other AI application areas in organisations.

Thirdly, the literature on trustworthy AI was expanded. The content of the components fairness, explainability, auditability and safety/security was revised and the effect of the system was separated from the underlying process.

Fourthly, the topic of disposition, trust and risk between employees and the AI system was addressed and showed that it is questionable, especially when it comes to the term trust, whether AI as a tool can be trusted at all or whether it is not more about the people behind it, or if it is about trust in AI, this would probably never be 100 %. The system has to do things that it is told to do and, on the other hand, is not allowed to do certain things at all. Human control is described very superficially here.

The results are also a contribution to practice. Analysing the relationships makes it clear that all the stakeholders considered have a stake and control options. These have an impact on each other and can influence the relationship. This can increase both the awareness and the ability of those involved to act.

4.7.2 Limitations and Indications on Further Research

The main limitation is the fact that it was not possible to interview employees. All interviewees were asked about the perspective of employees in the sense of systemic constructivism, which led to comprehensive insights. In a further study, however, it would be necessary to also obtain explanations from the direct perspective of employees at the lowest hierarchical levels.

Another limitation is the fact that the interviews were conducted in 2021, and there may have been changes since the advent of ChatGTP in November 2022 changes may have occurred.

The work has provided an insight into various areas of application in HRD. It would also be interesting to analyse an individual case in more depth or to compare several companies on the same or similar applications or possibly cases in which applications are considered successful or unsuccessful.

The use of AI in HRD is new and entails a process of change within the company. This must be taken into account in further research or can be the starting point for long-term analyses.

The work also provides an initial point of reference for the development of hypotheses and questionnaires in order to achieve quantitative results.

References

Baber, H. (2021). Modelling the acceptance of e-learning during the pandemic of COVID-19-A study of South Korea. *The International Journal of Management Education, 19*(2), 100503. https://doi.org/10.1016/j.ijme.2021.100503

Banh, L., & Strobel, G. (2023). Generative artificial intelligence. *Electronic Markets, 33*(1), 63. https://doi.org/10.1007/s12525-023-00680-1

Bärmann, S. (2022). Trust in Artificial Intelligence in Human Resources Development. In U. Rußmann, F. Aubke, D. Ortiz, I. Pezenka, A.-C. Schulz, & C. Schweiger (Eds.), *Zukunft verantwortungsvoll gestalten: Forschungsforum der österreichischen Fachhochschulen 2021* (pp. 103–114). Springer Fachmedien. https://doi.org/10.1007/978-3-658-36861-6_8

Brockbank, W. (1999). If HR were really strategically proactive: Present and future directions in HR's contribution to competitive advantage. *Human Resource Management, 38*(4), 337–352. https://doi.org/10.1002/(SICI)1099-050X(199924)38:4<337::AID-HRM8>3.0.CO;2-5

Chamorro-Premuzic, T., Polli, F., & Dattner, B. (2019). Building Ethical AI for Talent Management. *Harvard Business Review.*

Charlwood, A., & Guenole, N. (2022). Can HR adapt to the paradoxes of artificial intelligence? *Human Resource Management Journal, 32*(4), 729–742. https://doi.org/10.1111/1748-8583.12433

Chorna, I. (2021, December 9). HRForecast investiert 16,8 Millionen Euro in die nächste Generation von KI-gesteuerten HR-Anwendungen. *HRForecast.* https://hrforecast.com/de/hrforecast-investiert-168-millionen-euro-in-seine-end-to-end-loesungen-fuer-people-analytics-und-zukuenftige-personalplanung/

Colquitt, J. A., Scott, B. A., & LePine, J. A. (2007). Trust, trustworthiness, and trust propensity: A meta-analytic test of their unique relationships with risk taking and job performance. *Journal of Applied Psychology, 92*(4), 909–927. https://doi.org/10.1037/0021-9010.92.4.909

Coyne, I. T. (1997). Sampling in qualitative research. Purposeful and theoretical sampling; merging or clear boundaries? *Journal of Advanced Nursing, 26*(3), 623–630. https://doi.org/10.1046/j.1365-2648.1997.t01-25-00999.x

Davis, F. D. (1989). Perceived Usefulness, Perceived Ease of Use, and User Acceptance of Information Technology. *MIS Quarterly, 13*(3), 319–340. https://doi.org/10.2307/249008

Dietz, G., & Den Hartog, D. N. (2006). Measuring trust inside organisations. *Personnel Review, 35*(5), 557–588. https://doi.org/10.1108/00483480610682299

Edmondson, A. (1999). Psychological Safety and Learning Behavior in Work Teams. *Administrative Science Quarterly, 44*(2), 350–383. https://doi.org/10.2307/2666999

Edmondson, A. C. (2008). Managing the Risk of Learning: Psychological Safety in Work Teams. In M. A. West, D. Tjosvold, & K. G. Smith (Eds.), *International Handbook of Organizational Teamwork and Cooperative Working* (pp. 255–275). John Wiley & Sons Ltd. https://doi.org/10.1002/9780470696712.ch13

Edmondson, A. C., & Mcmanus, S. E. (2007). Methodological fit in management field research. *Academy of Management Review, 32*(4), 1246–1264. https://doi.org/10.5465/amr.2007.26586086

Eightfold AI. (2021, June 10). *Eightfold AI raises $220m, doubles valuation in six months.* Eightfold. https://eightfold.ai/blog/eightfold-ai-raises-220m/

Faqihi, A., & Miah, S. J. (2023). Artificial Intelligence-Driven Talent Management System: Exploring the Risks and Options for Constructing a Theoretical Foundation. *Journal of Risk and Financial Management, 16*(1), 31. https://doi.org/10.3390/jrfm16010031

Fritts, M., & Cabrera, F. (2021). AI recruitment algorithms and the dehumanization problem. *Ethics and Information Technology, 23*(4), 791–801. https://doi.org/10.1007/s10676-021-09615-w

Gosney, M. W., & Hughes, C. (2016). Introduction to HRD History and Critical Thinking Theory. In M. W. Gosney & C. Hughes, *The History of Human Resource Development* (pp. 1–17). Palgrave Macmillan US. https://doi.org/10.1057/9781137526984_1

Gould-Williams, J. (2003). The importance of HR practices and workplace trust in achieving superior performance: A study of public-sector organizations. *The International Journal of Human Resource Management, 14*(1), 28–54. https://doi.org/10.1080/09585190210158501

Gratwohl, N. (2019, July 22). Der Algorithmus zeigt neue Karrierewege. *Neue Zürcher Zeitung*. https://www.nzz.ch/wirtschaft/der-algorithmus-zeigt-neue-karrierewege-ld.1497606

Hancock, P. A., Billings, D. R., & Schaefer, K. E. (2011). Can You Trust Your Robot? *Ergonomics in Design: The Quarterly of Human Factors Applications, 19*(3), 24–29. https://doi.org/10.1177/1064804611415045

Hancock, P. A., Billings, D. R., Schaefer, K. E., Chen, J. Y. C., de Visser, E. J., & Parasuraman, R. (2011a). A Meta-Analysis of Factors Affecting Trust in Human-Robot Interaction. *Human Factors: The Journal of the Human Factors and Ergonomics Society, 53*(5), 517–527. https://doi.org/10.1177/0018720811417254

Hancock, P. A., Billings, D. R., Schaefer, K. E., Chen, J. Y. C., de Visser, E. J., & Parasuraman, R. (2011b). A Meta-Analysis of Factors Affecting Trust in Human-Robot Interaction. *Human Factors: The Journal of the Human Factors and Ergonomics Society, 53*(5), 517–527. https://doi.org/10.1177/0018720811417254

Hancock, P. A., Kessler, T. T., Kaplan, A. D., Brill, J. C., & Szalma, J. L. (2021). Evolving Trust in Robots: Specification Through Sequential and Comparative Meta-Analyses. *Human Factors: The Journal of the Human Factors and Ergonomics Society, 63*(7), 1196–1229. https://doi.org/10.1177/0018720820922080

Holmes, W., Porayska-Pomsta, K., Holstein, K., Sutherland, E., Baker, T., Shum, S. B., Santos, O. C., Rodrigo, M. T., Cukurova, M., Bittencourt, I. I., & Koedinger, K. R. (2022). Ethics of AI in Education: Towards a Community-Wide Framework. *International Journal of Artificial Intelligence in Education, 32*(3), 504–526. https://doi.org/10.1007/s40593-021-00239-1

Joshi, K., Goel, A. K., & Kumar, T. (2020). Online Career Counsellor System based on Artificial Intelligence: An approach. *2020 7th International Conference on Smart Structures and Systems (ICSSS)*, 1–4. https://doi.org/10.1109/ICSSS49621.2020.9202024

Kaplan, A., & Haenlein, M. (2019). Siri, Siri, in my hand: Who's the fairest in the land? On the interpretations, illustrations, and implications of artificial intelligence. Business Horizons, *62*(1), 15–25. https://doi.org/10.1016/j.bushor.2018.08.004

Kaplan, A. D., Kessler, T. T., Brill, J. C., & Hancock, P. A. (2023). Trust in Artificial Intelligence: Meta-Analytic Findings. *Human Factors: The Journal of the Human Factors and Ergonomics Society, 65*(2), 337–359. https://doi.org/10.1177/00187208211013988

Kaushik, M., & Guleria, N. (2020). The Impact of Pandemic COVID -19 in Workplace. *European Journal of Business and Management*. https://doi.org/10.7176/EJBM/12-15-02

Kelly, G. A. (2003). A Brief Introduction to Personal Construct Theory. In F. Fransella (Ed.), *International Handbook of Personal Construct Psychology* (1st ed., pp. 3–20). Wiley. https://doi.org/10.1002/0470013370.ch1

King, N., Horrocks, C., & Brooks, J. (2018). *Interviews in Qualitative Research* (2nd ed.). SAGE Publications Ltd.

Kramer, R. M. (1999). Trust and District in Organizations: Emerging Perspectives, Enduring Questions. *Annual Review of Psychology, 50*(1), 569–598. https://doi.org/10.1146/annurev.psych.50.1.569

Lewicki, R. J., Mcallister, D. J., & Bies, R. J. (1998). Trust and District: New Relationships and Realities. *Academy of Management Review*, 21.

Luhmann, N., & Baecker, D. (2013). *Introduction to systems theory*. Polity.

Luhmann, N., & King, M. (2017). *Trust and Power*. Polity.

Mayer, R. C., Davis, J. H., & Schoorman, F. D. (1995). An Integrative Model of Organizational Trust. *The Academy of Management Review, 20*(3), 709. https://doi.org/10.2307/258792

McAllister, D. J. (1995). Affect- and Cognition-Based Trust as Foundations for Interpersonal Cooperation in Organizations. *Academy of Management Journal, 38*(1), 24–59. https://doi.org/10.5465/256727

McKnight, D. H., Cummings, L. L., & Chervany, N. L. (1998). Initial Trust Formation in New Organizational Relationships. *The Academy of Management Review, 23*(3), 473–490. https://doi.org/10.2307/259290

McLean, G. N., & McLean, L. (2001). *If we can't define HRD in one country, how can we define it in an international context?* file:///C:/Users/steffi.baermann/Downloads/Manuscript+Template.docx+(6).pdf

Möllering, G. (2005). The Trust/Control Duality: An Integrative Perspective on Positive Expectations of Others. *International Sociology, 20*(3), 283–305. https://doi.org/10.1177/0268580905055478

Nooteboom, B., & Six, F. (2003). *The Trust Process in Organizations: Empirical Studies of the Determinants and the Process of Trust Development* (0 Edition). Edward Elgar Publishing.

Oliver, A. L., & Montgomery, K. (2001). A System Cybernetic Approach to the Dynamics of Individual- and Organizational-Level Trust. *Human Relations, 54*(8), 1045–1063. https://doi.org/10.1177/0018726701548003

Ruona, W. E. A., & Gibson, S. K. (2004). The making of twenty-first-century HR: An analysis of the convergence of HRM, HRD, and OD. *Human Resource Management, 43*(1), 49–66. https://doi.org/10.1002/hrm.20002

Shin, D. (2021a). The effects of explainability and causability on perception, trust, and acceptance: Implications for explainable AI. *International Journal of Human-Computer Studies, 146*, 102551. https://doi.org/10.1016/j.ijhcs.2020.102551

Shin, D. (2021b). The effects of explainability and causability on perception, trust, and acceptance: Implications for explainable AI. *International Journal of Human-Computer Studies*, *146*, 102551. https://doi.org/10.1016/j.ijhcs.2020.102551

Shin, D., Lim, J. S., Ahmad, N., & Ibahrine, M. (2022). Understanding user sensemaking in fairness and transparency in algorithms: Algorithmic sensemaking in over-the-top platform. *AI & Society*. https://doi.org/10.1007/s00146-022-01525-9

Shin, D., & Park, Y. J. (2019). Role of fairness, accountability, and transparency in algorithmic affordance. *Computers in Human Behavior*, *98*, 277–284.

Singh, M. (2021, June 10). AI startup Eightfold valued at $2.1B in SoftBank-led $220M funding. *TechCrunch*. https://techcrunch.com/2021/06/10/ai-startup-eightfold-valued-at-2-1b-in-softbank-led-220m-funding/

Swanson, R. A., & Holton III, E. F. (2001). *Foundations of Human Resources Development*. https://thuvienso.hoasen.edu.vn/bitstream/handle/123456789/8225/Contents.pdf?sequence=4

Tambe, P., Cappelli, P., & Yakubovich, V. (2019). Artificial Intelligence in Human Resources Management: Challenges and a Path Forward. *California Management Review*, *61*(4), 15–42. https://doi.org/10.1177/00081256198679

Toreini, E., Aitken, M., Coopamootoo, K., Elliott, K., Zelaya, C. G., & van Moorsel, A. (2020). The relationship between trust in AI and trustworthy machine learning technologies. *Proceedings of the 2020 Conference on Fairness, Accountability, and Transparency*, 272–283. https://doi.org/10.1145/3351095.3372834

Unilever. (2019, June 24). *Unilever launches new AI-powered talent marketplace*. Unilever. https://www.unilever.com/news/press-and-media/press-releases/2019/unilever-launches-ai-powered-talent-marketplace/

Vrontis, D., Christofi, M., Pereira, V., Tarba, S., Makrides, A., & Trichina, E. (2022). Artificial intelligence, robotics, advanced technologies and human resource management: A systematic review. *The International Journal of Human Resource Management*, *33*(6), 1237–1266. https://doi.org/10.1080/09585192.2020.1871398

Xiao, M., & Yi, H. (2021). Building an efficient artificial intelligence model for personalized training in colleges and universities. *Computer Applications in Engineering Education*, *29*(2), 350–358. https://doi.org/10.1002/cae.22235

Zhao, X., Guo, Z., & Liu, S. (2021). Exploring Key Competencies and Professional Development of Music Teachers in Primary Schools in the Era of Artificial Intelligence. *Scientific Programming*, *2021*, 1–9. https://doi.org/10.1155/2021/5097003

Patrick Peters[1] and Patrick Szillat[2]

5. The Implementation of Purpose and Business Ethics in Terms of Knowledge Management

Abstract: Purpose Economy refers to an economic system where the primary goal of organizations and businesses is to fulfill a purpose that benefits society or addresses specific social, environmental, or ethical issues. It moves beyond the traditional profit-centric model and emphasizes creating meaningful impact. Business ethics involves the application of moral principles and standards to business behavior. It's about ensuring that businesses operate in a fair, responsible, and lawful manner.

Both the purpose economy and business ethics emphasize values beyond mere profit. While the purpose economy focuses on the overarching mission of societal or environmental betterment, business ethics provides the moral framework to ensure that this mission is pursued in an ethical, transparent, and responsible manner. For a purpose-driven economy to thrive, it must be rooted in strong business ethics. Ethical practices ensure that the purposeful goals of organizations are genuine and not just marketing tactics. The purpose economy sets a vision for a more socially and environmentally responsible business world, while business ethics provides the principles and standards to ensure that this vision is pursued in a fair, responsible, and sustainable manner.

The essay is aiming at working out the interdependence of purpose economy and business ethics to show how these two approaches together can shape the way corporations will be successful in the present and future. The essay is trailing the shift from shareholder to stakeholder economy, the incentive compatibility of business ethics, and ways how businesses can be more ethical, more purpose-oriented, more sustainable, and more future-oriented – without the risk being accused of 'greenwashing' or 'purpose-washing'.

---

1 Prof. Dr. Patrick Peters, MBA, is a consultant for communication and business ethics and publicist in Mönchengladbach. He is Professor of PR, Communication and Digital Media as well as Vice-Rector for Research and Teaching Material Development at the Allensbach University of Applied Sciences, Konstanz, where he also teaches Business Ethics and Diversity Management, and teaches Business Ethics at the Niederrhein University of Applied Sciences (Mönchengladbach). E-Mail: patrick.peters@allensbach-hochschule.de

2 Dr. Patrick Szillat is manager of postgraduate programmes and researcher at Fontys University of Applied Sciences, Venlo (NL). Email: p.szillat@fontys.nl

Keywords: Purpose economy, business ethics, shareholder value, stakeholder value, CSR, sustainability

Remark: Some of the research quoted is of German origin. The references in the bibliography are given in the original language, while the quotes in the text are translated for convenience and better readability.

5.1 Knowledge Management: Introduction

Knowledge management is a comprehensive approach that aims to systematically capture, organize, share, and use knowledge within an organization. It is about making individual knowledge accessible and transforming it into collective knowledge that promotes the organization as a whole. At a time when knowledge is considered one of the most important resources, effective knowledge management is crucial for the success and competitiveness of organizations. It encompasses strategies and practices that make it possible to efficiently identify, acquire, develop, distribute, use, and preserve knowledge. Or to put it another way:

> "Knowledge management deals with the acquisition, development, transfer, storage and use of knowledge. Knowledge management is much more than information management [...]. Information is the necessary prerequisite for the generation of knowledge. Therefore, information can be traded like other goods, but knowledge cannot. Information is a flow of news and means know-what. Knowledge, on the other hand, does not arise through an accumulation of information, but only through the linking of information with already existing prior knowledge, i. e. know-why. Information is only transformed into knowledge when it is interpreted against the background of prior knowledge and becomes part of the personally available patterns of action [...]. Therefore, knowledge cannot be bought or sold like information." (Frost, n. y.)

In modern organizations, knowledge management plays a central role by providing the foundation for informed decision-making and innovation (Baskerville & Dulipovici, 2006). It enables organizations to learn from experience, identify best practices, avoid mistakes, and increase efficiency. By systematically collecting and distributing knowledge, organizations can improve their ability to adapt to change and foster a culture of continuous improvement. In the field of organizational development, knowledge management promotes the creation of a common body of knowledge that forms the basis for shared values and goals. It supports the organizational structure by improving communication and collaboration between employees (Manesh et al., 2021). In human resource development, it enables individual learning and skills development by providing employees with access to relevant knowledge and experience. This leads to increased employee motivation and retention, as employees can expand their skills and knowledge and contribute more effectively to organizational goals. One of the biggest challenges in knowledge management is ensuring that the knowledge gathered is up-to-date, relevant, and easily accessible (Stock et al., 2021). The rapid development of technologies and the continuous change of the market require a constant updating of the body of knowledge. It is also challenging to create a culture in which the sharing of knowledge is seen as valuable. Barriers such as lack of time, lack of awareness of the value of shared knowledge or fear of losing power through knowledge sharing often existing technological hurdles, such as the selection and implementation of appropriate knowledge management systems, can also be a challenge (Antunes & Pinheiro, 2020).

As a consequence, the acquisition of knowledge is closely related to this. After all, there can be no knowledge management without the continuous acquisition of knowledge. The acquisition of knowledge has changed a lot with digitalization and the availability of online resources. Today, knowledge acquisition is no longer only through traditional teaching and learning methods, but also through a variety of digital platforms and technologies. E-learning, webinars, online courses, social networks, knowledge bases, and collaborative tools are just a few examples of modern sources of knowledge. These tools enable individuals to learn continuously and self-directed, engage with experts worldwide, and gain access to the latest research and industry trends. Organizations should create an environment that encourages and supports knowledge acquisition which ultimately contributes to employee development and increased organizational performance (Kapo et al., 2020). The key is to facilitate access to knowledge, support learning initiatives, and create a culture that values continuous learning and knowledge sharing.

Digitalization has democratized and diversified the way knowledge is acquired by facilitating access to information and enabling personalized learning paths (Lam et al., 2021). Employees can learn at their own pace, review content, and deepen their knowledge whenever necessary. For example, organizations can offer access to learning platforms, journal subscriptions, and online courses to make it easier for employees to acquire new skills (Kapo et al., 2020). Fostering a culture where learning and knowledge sharing are valued is also fundamental. This can be done by recognizing and rewarding learning initiatives or setting up knowledge-sharing events such as workshops or "lunch and learn" sessions. The implementation of knowledge management systems and collaborative tools facilitates the distribution of knowledge and fosters collaboration.

Such systems make it possible to store, organize and make knowledge accessible to all employees. Supporting individual learning needs through personalized learning plans aligned with employees' specific roles and career goals can significantly increase the motivation and effectiveness of learning. Encouraging the sharing of knowledge and experience among colleagues can also be a very effective way to promote organizational learning. Peer learning formats such as mentoring, coaching or communities of practice support knowledge exchange and collaboration (Lam et al., 2021).

5.2 Lifelong Learning as a Prerequisite

Knowledge management deals with the acquisition, development, transfer, storage and use of knowledge (Frost n. y.), shows the already quoted definition. The concept of lifelong or lifelong learning focuses on the acquisition of the necessary knowledge for personal or professional development. This means that learning and personal development should take place throughout life. Lifelong learning, as defined by the European Union, includes "all learning throughout life which serves to improve knowledge, qualifications and competences and takes place within the framework of a personal, civic, social or employment perspective" (Kommission der Europäischen Gemeinschaften – Commission of the European Communities, 2001). Much earlier, the 1996 Declaration on the European Year of Learning stated: "Lifelong learning has an essential role to play in ensuring personal fulfillment by instilling values such as solidarity and tolerance and by promoting the participation of individuals in democratic decision-making. Lifelong learning is also crucial for improving long-term employment prospects" (quoted from Nuissl & Przybylska, 2014). Lifelong learning can take many forms, including formal education, on-the-job training, self-directed learning, and informal learning through hobbies and personal interests. It requires curiosity, a willingness to take risks and try new things, and a belief in the value of continuous personal development. The Ministry of Culture, Youth and Sports of the State of Baden-Württemberg, on the other hand, says:

> "Lifelong learning means the personal willingness to face changing conditions in all areas of life, to remain curious and to actively shape the personal and social environment. Lifelong learning is therefore becoming increasingly important. Not only for society and the economy, but also for the personal development of each individual, lifelong learning helps to cope with social changes and to better face the challenges of the labor market. It builds self-confidence and can significantly improve the quality of life. Continuing education and lifelong learning are therefore central topics of

> Baden-Württemberg's education policy." (Ministry of Culture, Youth and Sports of the State of Baden-Württemberg, n. y.)

According to the Federal Agency for Civic Education, it is also easy to justify why lifelong learning is necessary:

> "Firstly, humans differ from animals in their ability to learn consciously and develop throughout their lives, which is what made them able to survive in a difficult environment in the first place. Humans can't smell as well as dogs, can't see as well as eagles, aren't as strong as tigers and elephants, or as fast as gazelles. But they can learn. Second, this environment is in a constant state of change, requiring adaptations and reorientations in order to remain viable – not only when you move to another city or region, but also when you stay where you are. Thirdly, man adapts to his environment, he shapes it according to his interests, and in this also he differs fundamentally from animals. Founding cities, regulating watercourses, exploiting natural resources, cultivating fields – humans are changing the natural environment according to their needs. To do this, they have to recognize the respective conditions, grasp correlations and assess consequences. Fourthly, and this is in addition to the first three natural causes, man is not only a social being, but is also involved in complex relationships and cultures; he has highly developed language skills and must be able to cope with complicated social issues (which are also constantly changing)" (Nuissl & Przybylska, 2014).

The concept of lifelong learning is closely linked to continuing vocational education and training. Further education and training are essential for the success and development of companies and their employees. They perform several key functions: keeping employees' knowledge up-to-date, supporting their career development, fostering innovation and adaptability, increasing efficiency and productivity, facilitating the management of change, contributing to talent and succession planning, improving the company's image and reputation, and strengthening compliance and ethical standards. These training measures enable employees to continuously develop themselves, which in turn ensures the competitiveness of the company. By providing such opportunities, a company shows its investment in the professional development of its employees, which increases motivation and loyalty to the company. In addition, continuing education promotes innovation, adaptation to change and improved quality of work. Continuing education is also crucial for internal management development and for attractiveness as an employer. They ensure compliance with legal and ethical standards. In view of the dynamic demands of the labor market, further education and training underline the need for lifelong learning and the willingness to rethink professional routines and to develop personally. (Peters/ OEMS, 2023)

5.3 Corporate Purpose in Modern Organizations

As described in chapter 2, further education and training in organizations should, among other things, improve the image, strengthen the reputation and strengthen compliance and ethical standards. This is more important today than ever before, because habitual paradigms and attitudes towards the economic system are being thrown overboard and new patterns in general economic activity, in corporate and personnel management and in the self-image of entrepreneurs, employees and consumers mean that economic patterns of the past can no longer be continued without further ado. An example of this change is the move away from doing business in a purely profit-oriented sense, as propagated by the Chicago School of Economics under its pioneer Milton Friedman as shareholder value (Peters, 2023):

> „The discussions of the ‚social responsibilities of business' are notable for their analytical looseness and lack of rigor. What does it mean to say that ‚business' has responsibilities? Only people can have responsibilities. A corporation is an artificial person and in this sense may have artificial responsibilities, but ‚business' as a whole cannot be said to have responsibilities, even in this vague sense. The first step toward clarity in examining the doctrine of the social responsibility of business is to ask precisely what it implies for whom."

In the debate about corporate responsibility and leadership ethics, a distinction is often made between two approaches: the shareholder value approach and the stakeholder value approach (Gersel & Johnson, 2020). The shareholder value approach focuses primarily on the interests and benefits of the shareholders. Here, it is argued that the main task of corporate governance is to maximize financial value for shareholders. This means that managers are primarily focused on increasing the company's profit and cash flow in order to increase value for shareholders. This view assumes that managers are directly accountable to the owners of the company and should make their decisions in the interests of the owners, as long as they remain within the legal and ethical norms of society. This is in contrast to the stakeholder value approach, which takes a broader perspective and argues that companies are committed not only to the interests of shareholders but also to those of other stakeholders such as employees, customers, suppliers and society as a whole. This approach emphasizes that companies have social responsibility and that ethical considerations should be incorporated into corporate governance. The goal is to strike a balance that not only maximizes financial returns, but also makes positive contributions to all stakeholders, which in turn can build trust in the company and ensure long-term success. The criticism of the shareholder value approach lies mainly in the narrow focus on financial gains, which can potentially come at the expense of other important aspects such as social responsibility, sustainability and ethical standards (Dmytriyev, Freeman & Hörisch, 2021). The stakeholder value approach is often seen as more comprehensive and sustainable, as it seeks to balance the needs and expectations of different stakeholders, while also taking into account long-term goals such as social welfare and environmental protection. In summary, the contrast between the shareholder and stakeholder approach reflects two fundamental perspectives on corporate governance and ethics: a narrow focus on the financial interests of shareholders versus a broad consideration of the interests of all stakeholders with the aim of creating not only financial but also social and environmental value.

In this context, the term "human organization" is crucial, which Hubert Joly prominently positioned in the Harvard Business Review in 2021 and which Peters & Röniger (2023) comprehensively elaborates on and makes accessible. Joly writes:

> „For business to be part of the solution to our collective challenges, we leaders must see companies not as soulless moneymaking entities but as ‚human organizations' made of individuals working together in support of shared goals. This goal must contribute to the common good by making a positive difference in people's lives – what author and consultant Lisa Earle McLeod calls a ‚noble purpose'. In this approach, making money remains an imperative, but profits are not the ultimate objective; rather, they are the outcome of a successful strategy rooted in purpose." (Joly 2021)

The quote addresses a major turning point in modern corporate governance and business ethics. It highlights that in order to contribute positively to global challenges, companies should be understood not only as for-profit entities, but as "human organizations" made up of individuals working together towards shared goals. This perspective emphasizes the importance of an overarching, noble purpose – a goal that goes beyond pure profit and contributes to the common good by making a positive difference in people's lives. Lisa Earle McLeod, to whom the quote refers, is known for her work on the importance of purpose in the business world. Their concept of "noble purpose" states that companies that pursue a clear, noble purpose not only act morally, but are also more successful in the long run. Making money remains a necessary goal, but profits are not considered the ultimate goal. Instead, they are the result of a successful strategy rooted in a meaningful purpose.

This approach challenges leaders to think beyond the traditional boundaries of business management and recognize that the true value and success of a company cannot be measured by financial metrics alone. Rather, it is about how a company has a positive impact on society and the environment through its products, services and way of doing business. Commenting, this perspective represents a shift from a short-term, profit-maximizing mindset to a long-term, value-driven strategy. It is about finding a balance between economic interests and the well-being of society (Chia et al., 2020). Companies that take this approach can build a deeper bond with their customers, employees, and other stakeholders as they share common values and are drawn toward a common, greater goal. This can not only help solve social problems, but also lay the foundation for sustainable business success.

The concept of purpose is crucial here. The concept of corporate purpose picks up on the idea that companies should have a deeper, overarching purpose that goes beyond just making a profit (Fleischer, 2021). It's about the fundamental question of why a company exists, giving it a raison d'être that adds value to both internal and external affinity groups. This raison d'être or higher purpose typically includes economic, environmental, and social responsibilities that are in line with the principles of sustainability and corporate social responsibility (CSR). It is an expression of how a company defines and makes its contribution to society. Embedding such a higher purpose at the core of a company motivates employees and strengthens bonds with customers and other stakeholders through shared values and goals. Paradoxically, this approach can contribute to achieving business goals even more effectively, as it generates a stronger resonance and legitimacy in the market and in society. Companies that are clearly committed to such a purpose and live by it can differentiate themselves from competitors and build a deeper, more emotional connection with their stakeholders.

The so-called "Purpose Economy" has established itself in the current economy. This term, coined by Aaron Hurst, describes the transformation of the world of work towards a stronger focus on socially relevant goals in order to meet employees' desire for meaningful work. In this form of economy, it is important that both employees and customers recognize an overarching purpose in their activities and consumption – be it through the fulfillment of suprapersonal needs, the promotion of personal development or the building of communities. The purpose economy is characterized by the pursuit of a deeper purpose beyond financial metrics and promotes an understanding of business that is based on the human need for meaning. The "purpose" of a company, i. e. its deeper meaning and purpose, forms the basis of its identity and determines why it exists, what it stands for and how it can make a lasting contribution to the success of a valuable coexistence of economy, society and the environment (Ricart & Rey, 2022) . This purpose-driven economy has its origins in the mission statements of commercial enterprises as well as in the non-profit sector, with a focus less on fighting for a specific cause and more on the search for a way of living and working in which the purpose of action is central to decisions and actions. Business models that rely on collaboration and innovation allow people to make meaningful contributions while generating income. The pursuit of financial reward and the desire to make a difference drives both individuals and companies to focus more on societal and local challenges. Purpose is increasingly becoming the core of the business direction of many organizations, which translates into a growing focus on goals such as creating shared value and responsible capitalism. At the same time, new forms of hybrid organizations are emerging that combine purpose and profit – from nonprofits that engage in business activities to secure stable revenue for long-term projects, to companies that create both social and economic value.

The reorientation towards a higher corporate purpose and value-oriented management is not seen as a renunciation of profit, but as a strategy that ensures long-term profitability and stability of the company (Edmans, 2023). The aim is to strengthen the substance of the company and improve its future prospects. This approach recognizes that companies that rely exclusively on the old economic model of profit maximization will find it increasingly difficult to survive in an increasingly competitive and socio-ecologically conscious environment. In summary, this approach argues that a deep commitment to a higher purpose that integrates economic, environmental, and social responsibility is not only ethically desirable, but also a practical strategy for companies to remain successful, resilient, and relevant in the long term. It is recognition that companies play an important role in society and can and should contribute positively to the common good through their activities and values.

The concept of corporate purpose has gained international prominence in recent years, as more and more companies realize that a long-term, sustainable business strategy must go beyond mere profit-making. This development is driven by various global trends and insights. On the one hand, international frameworks such as the United Nations' Sustainable Development Goals (SDGs) have encouraged companies worldwide to rethink their contribution to major global challenges such as poverty, inequality, climate change and environmental degradation (Van Tulder et al., 2021). Corporate purpose is seen as a means of promoting the alignment of corporate goals with these global goals. Investors are also increasingly attaching importance to sustainability and corporate social responsibility. Large professional investors have already publicly stated that they expect the companies they invest in to integrate not only financial but also social and environmental factors into their business strategies. This pressure from investors promotes the dissemination of the corporate purpose concept. Growing awareness and demands from consumers for ethical consumption and sustainable products are forcing companies to think about their impact on society and the environment. Brands that have a clear, positive purpose and reflect it in their products, services, and business practices gain customer loyalty and market value. Purpose is also important in the context of the job market and talent acquisition: In particular, younger generations in the job market, such as Millennials and Gen Z, are looking for employers whose values align with their own. Companies that have a clear and compelling corporate purpose attract talent that strives for meaningful work and wants to commit to their employer. At the same time, the diverse setting of employees consisting out of Gen X, Gen Y and Gen Z employees also do require more attention of employers towards to the varying needs in knowledge management (Andriani et al., 2022).

Corporate purpose plays a crucial role in how companies are perceived by current and potential employees. By pursuing a compelling, meaningful purpose and authentically embedding it in their culture and business practices, companies can build a positive employer brand and thus be more successful in the competition for talent. International studies underline that employees who work in such an environment are happier, more engaged and more productive. Research shows that workers, especially younger generations such as Millennials and Gen Z, are increasingly prioritizing the meaningfulness of their work. A study by the coaching platform BetterUp, for instance, found that many young workers are willing to sacrifice part of their salary for meaningful work (Jerzy, 2019). They are looking for companies whose values align with their own and that act in a socially responsible manner. A clearly articulated and lived corporate purpose can therefore increase employee engagement and retention. According to a Gallup survey, employees who believe their company has a positive mission feel more connected to their work and are more productive. Companies that communicate a clear purpose that goes beyond just making a profit are more likely to attract talent looking for work that aligns with their personal values and desire to make a positive contribution. Research by LinkedIn (2016) showed that companies with a strong employer brand receive up to 50 percent more qualified applications and can reduce the cost per hire by up to 50 percent.

The connection to knowledge management quickly becomes clear, as can be shown with Joly. In the context of the stakeholder value discussion, he also clearly points out the function of leaders. These are responsible for focusing on the question of "why" and serving all affinity groups: "It is time for business leaders to embrace a declaration of interdependence that prioritizes the common good and recognizes the humanity of all stakeholders" (Joly, 2021). By consistently focusing on all affinity groups, companies can become more successful in all areas and secure their position now and in the future. This requires consistent training and further education in the really important topics of strategic corporate management – in other words, the points that make the company a real human organization. This follows the following insight, which has already been alluded to in the previous remarks:

> "Today, it is not only taken for granted that companies attach importance to the continuous training of their employees in order to maintain employability on an ongoing basis. For example, a study conducted in 2016 and 2017 found that, from an employer's perspective, educational programs have an impact on achieving company goals, including lower turnover and higher customer satisfaction, employee engagement, productivity, and profit. Employees – especially those who value values more than just employment – also expect to receive this offer. The one training that prepares students for the entire working life no longer exists today. Therefore, the constant expansion of knowledge and skills is necessary in order to be able to keep up in the profession." (Peters, Schlottmann & Gerholz, 2022)

5.4 Business Ethics: Humanity, Solidarity and Responsibility

Business ethics is closely related to the corporate purpose, as a mental superstructure, so to speak. Business ethics is an interdisciplinary field that sits at the intersection of ethics and economics (DeTienne et al., 2019). It examines moral principles and standards that should guide the behavior of individuals and organizations in an economic context. Moral or ethical will be defined as a human behavior that objectively does not harm other people. In ethics, questions such as: How should people act, what values should they follow? What is good, what is bad action? Business ethics raises questions about the fair distribution of resources, the responsibility of companies towards society and the environment, and the role of ethical principles in economic decisions. The core values are humanity, solidarity and responsibility. The term business ethics is therefore understood to be a branch of the economy in which moral and ethical principles and their influence on economic activities are examined. The objective of business ethics is always the reflection of ethical principles in the context of economic activity and their application to this area (Bruder, 2020). A central aspect of business ethics is the consideration of how economic decisions and actions can have both positive and negative effects on society and the environment. For example, Amartya Sen, a Nobel laureate in economics, argues that economic decisions are always ethical choices, since they affect people's quality of life (Sen, 1987). Sen emphasizes the importance of individuals' freedom and ability to live a life they value, and sees ethics as central to shaping economic theories and practices.

Another important area within business ethics is Corporate Social Responsibility (CSR), which considers the responsibility of companies for their impact on the social and natural environment. Here, authors such as R. Edward Freeman, in his stakeholder approach, argue that corporations have an obligation to all of their stakeholders, not just shareholders (Freeman, 1984). This approach emphasizes the importance of ethical considerations in corporate governance and calls for a balance between the interests of different stakeholders. The discussion of business ethics also includes critical examinations of the concept of the market itself. For example, philosophers such as Michael J. Sandel question the moral limits of the market and argue that not all goods and services should be left to the market mechanism (Sandel, 2012). Sandel points out that the commercialization of certain areas of life can lead to an erosion of moral values. Overall, business ethics is a field that combines a variety of perspectives and methods to explore the ethical dimensions of economic activity. It calls for thinking beyond purely economic rationality and taking into account the profound social and environmental impacts of economic activities. While the debate on the exact responsibilities of individuals and businesses in business continues, there is a broad consensus that ethical considerations must play a crucial role in shaping a fairer and more sustainable economy.

In doing so, business ethics tries to overcome the contrast between economics and ethics – because the boundaries between ethics and economics are perceived as very high because the poles initially appear to be incompatible (Peters & Röniger, 2023). "The basic problem of business ethics is that morally motivated advances and additional services of individuals – individuals or companies – can lead to serious disadvantages in competition, up to and including exit from the market, provided that the increased costs are not offset by compensatory advantages, so that there is a loss of benefit. Under conditions of competition, therefore, it often looks as if morality and self-interest are in dualistic opposition to each other." (Pies & Winning, 2004) In this respect, ethics and economics are closely linked, because society's demands on companies and their actions are increasing every day. "In a value-oriented, especially Western society, this attitude of a company is becoming increasingly important. Unethical behavior can deprive companies of their legitimacy and cost them their reputation. This means that business decisions can be viewed critically and attacked because fundamentally unethical behavior could be present" (Peters, 2022). A basic definition of business ethics is:

> "Business ethics deals with the moral evaluation of economic systems and looks for opportunities for social cooperation. In view of increasing criticism of the market economy system and companies, the imparting of normative orientation knowledge with regard to economic relationships is becoming increasingly important. There are both pro-market and market-rejecting positions on business ethics. [...] As a hyphenated discipline, business ethics faces the challenge of bringing together two different disciplines in a methodically controlled manner. A fundamental difficulty here is that, on the one hand, there are very different normative concepts and, on the other hand, there is the question of the extent to which they can be applied under the conditions of modern society in general and in the economic system in particular." (Lin-Hi, n. y.)

Two theories of business ethics from the German-speaking world are particularly striking. On the one hand, there is economic ethics according to Andreas Suchanek, who established the Golden Rule of Economic Ethics in a well-known essay: "Invest in the conditions of social cooperation for mutual benefit" (Suchanek & Lin-Hi, 2010). Whenever conflicts between self-interest and morality arise, it is necessary to systematically look for ways to make the two mutually compatible: "Economic ethics deals with the conditions of the possibility of how morality and self-interest can be reconciled or made mutually fruitful in the event of their conflict in order to achieve a more successful social cooperation to mutual benefit" (Suchanek, 2007). So everyone should do what the others should do, so that everyone benefits equally from each other's good actions. The other concept is that of life service from Peter Ulrich's Integrative Business Ethics. This involves the question of "what practical values the company wants to create for whom in view of the manifold conflicts of value and interest, and which normative principles it should observe with regard to the responsibility of all side effects of the entrepreneurial pursuit of success towards all those affected" (Ulrich, 2004). Companies are considered important social actors and are therefore under critical scrutiny. They must be guided by the principles of promoting the common good, an orientation that hardly seems compatible with a pure focus on shareholder value. A truly people-oriented organization recognizes that its success depends on addressing the needs and well-being of all people. This understanding forms the basis of the "human organization", which places the human being at the center of its aspirations. As a result, the human approach becomes the main goal, which dominates economic considerations. Such organizations align their actions with overarching goals, focus on the essentials, and build their cultural identity on universal human values, beliefs, and symbols. The result is close-knit communities characterized by a strong sense of belonging and the pursuit of an ambitious future. In this context, classic business goals such as sales and profit take a back seat. Replacing the profit orientation with a focus on humanity and the common good does not mean that companies should no longer make a profit. Rather, it is essential for stakeholder-oriented companies to be profitable. However, as Hubert Joly points out, profits should not be the main goal, but the result of corporate governance that puts people and life at the center (Joly, 2021). As one leading entrepreneur explained in a lecture by the author of this post in March 2022, it's not about whether companies are allowed to make profits, but how they use those profits. This illustrates the fundamental change in thinking, which is also reflected in Aristotle's philosophical reflections on eudaimonia as the highest good, which is not materially motivated. In his *Nicomachean Ethics*, Aristotle describes that external means serve the purpose of achieving eudaimonia, a state that is sought for its own sake and, as the perfect and self-sufficient good, represents the ultimate goal of human action.

From a management and leadership point of view, business ethics is integrated into value management (Guitouni, 2020). This aims to make ethical values usable for a company. The definition and embedding of the company's own values in the strategic and operational management of the company is at the heart of these considerations. It aims to actively live these values in day-to-day business operations. In this sense, the management of values is the practical implementation of business ethics. It concerns the way in which values are expressed through specific behaviours in all areas of the company. As a consciously planned, guided and systematic process, corporate value management strives to improve, consciously shape and direct the values and thus the culture of the organization 'from within'. This is to effectively support the company's strategic goals. Value management clearly defines the existing and desired values and attitudes within a company. It ensures that the desired values are implemented by each individual, across all hierarchical levels, in their everyday work. In doing so, values are made visible not only internally, but also externally. By defining and defining values, value management makes them tangible for practical application. The defined values give the company an unmistakable personality and identity.

The value management system ensures that the values-based interests of all stakeholders are taken into account in all decision-making processes within an organization. It not only aims to prevent illegal or unethical business practices, such as corruption, antitrust violations, illegal employment or money laundering, but also focuses mainly on increasing the performance of managers and employees and creating a working environment characterized by appreciation. The value management system influences the corporate culture, which at first appears to be an intangible aspect, but quickly leads to noticeable material effects. The Gallup Engagement Index 2018 shows that a company's culture has a decisive influence on its economic success. But how can a value management system be effectively implemented in practice? Obviously, mere lip service or orders from the top of the company are not enough. The German business ethicist Josef Wieland, director of the Leadership Excellence Institute Zeppelin, developed the concept of governance ethics. This form of ethics understands ethical virtues as the willingness and ability of individuals and groups to implement socially recognized moral values in their actions and governance processes. This includes the definition of procedural guidelines as well as their continuous review and application within the entire organization: "Effective value management endogenizes moral values as decision-making parameters in business processes and thus makes them an indispensable part of entrepreneurial success. It minimizes information and expectation uncertainty in moral-economic action situations and aims to link moral values and economic value creation in such a way that they are not antagonistic opponents, but are prerequisites for each other's realization" (Wieland, 2015). Josef Wieland has developed a four-level model of value management systems and sees this as the codification of previously defined corporate values (level 1), the implementation of the codified values in the operational business in the company's guidelines and procedures (level 2), the systematization and integration into all management areas (level 3) and the personnel and structural organization of value management in the internal structures (level 4) (Wieland, 2015).

As with corporate purpose, value management is directly related to knowledge management. They are two essential components in the strategic and operational orientation of modern organizations that can complement and reinforce each other. On the one hand, it is the common goal. Both systems aim to increase the effectiveness and efficiency of the organization. While value management aims to integrate and live ethical principles and values in all areas of the company, knowledge management focuses on identifying, creating, distributing and using knowledge to achieve organizational goals. The combination results in support of the corporate culture. Value management fosters a culture of integrity, respect, and appreciation, which is a fundamental prerequisite for successful knowledge management. A company culture of trust and openness facilitates knowledge sharing and collaboration between employees, who are more willing to share their knowledge and work together on goals when they see themselves in their core values and goals. Value management also provides an ethical framework that guides the behavior of individuals and teams in the company. This framework directly influences the way knowledge is shared, applied, and evaluated. Knowledge management practices that emphasize ethical values such as transparency, accountability, and mutual respect foster a culture in which information and knowledge are shared openly. Sustainable development is also promoted. The integration of value management into knowledge management processes supports sustainable business practices. By linking ethical considerations with knowledge management initiatives, organizations can ensure that their strategies promote not only short-term gains, but also long-term goals such as social responsibility, environmental protection, and economic sustainability. Risk management should not be ignored either. Value management helps to mitigate risks associated with unethical behavior, while knowledge management addresses risks caused by information gaps or inefficient use of knowledge. Together, they help strengthen the organization's risk management by improving both ethical decision-making and information availability and use. Knowledge management is critical to fostering innovation within an organization, as it sets the stage for creative thinking and the exchange of new ideas. Value management ensures that these innovations are in line with the company's values and are ethically justifiable. This creates a framework in which innovation is not only technologically advanced, but also socially responsible. Overall, integrating value management into knowledge management processes complements and reinforces an organization's ability to achieve its goals in an ethical, sustainable, and effective way. Both disciplines help create a strong, values-driven, and knowledge-based company culture, which is critical to long-term success.

5.5 Results and Findings

What do these findings mean for the implementation of purpose and business ethics in terms of knowledge management? After a cursory introduction to the terms knowledge management and lifelong or lifelong learning, we emphasized the importance of corporate purpose and business ethics for modern corporate management and established cross-connections between purpose and business ethics and knowledge management. Again, to clarify, purpose refers to the overall purpose or mission of an organization that goes beyond pure profit and focuses on making positive contributions to society, the environment, and employee well-being. Business ethics is the field of ethics that deals with the moral, ethical, and social issues that arise in the context of business activities. Education is also a meaningful element and can also create considerable added value in terms of purpose management. One approach in purpose management is lifelong learning, especially in the form of vocational or in-company training. That's because the half-life of professional expertise is about five years (Peters &

Röniger, 2023). Thus, according to Richard Barrett (2016), it is a growth motive for employees to constantly develop themselves and thus secure appreciation, recognition and prestige. According to Barrett (2016), the aspect of transformation is a need for growth. The desire for authenticity and the search for the meaning of life is deeply rooted in us. Likewise, lifelong learning is not just an accumulation of knowledge, but rather a process of transformation. Through targeted educational initiatives within a company, knowledge, skills and behaviors experience a significant change. This development takes place in a cyclical process that focuses on increasing professional, social, methodological and personal competence. The circular nature of this transformation model underlines its long-term importance for continuing education. It is not enough to initiate this process once; rather, the inherent need for growth and change requires a continuous driving force. This is especially true in the face of changing external conditions, which emphasize the need for constant reorientation and adaptability (Peters & Röniger, 2023).

The implementation of purpose and business ethics in the context of knowledge management in organizations is a comprehensive process that aims to create a culture that internalizes ethical principles and a clear organizational purpose. Knowledge management plays a crucial role in this, as it creates the framework for collecting, sharing, and applying knowledge to achieve these goals. The introduction of purpose and business ethics through knowledge management is a strategic process that requires an in-depth examination of an organization's values and goals. It's about creating an environment where ethical action and a clear understanding of the organization's purpose become the norm. This requires commitment, continuous education, and a willingness to challenge and adapt existing practices. Now, when knowledge management encompasses the processes and systems that enable an organization to efficiently capture, organize, share, and use relevant knowledge, this means multiple areas in the context of purpose and business ethics. Collecting and disseminating ethical guidelines means gathering and communicating information about ethical standards, policies, and best practices within the organization. By providing learning resources and training programs in the spirit of training and development, awareness and understanding of purpose and business ethics is promoted. In the context of cultural integration, ethical principles and the organizational purpose are embedded in the corporate culture through targeted knowledge management.

The necessary implementation steps first include the definition of the purpose and the basic ethical values. This serves to clearly articulate the organization's purpose and the ethical values that serve as its foundation. This is followed by the development of a knowledge management system with the construction of a system that enables the collection, storage and exchange of knowledge about purpose and business ethics. Training programs are necessary to provide employees with the necessary knowledge and skills. The development of communication strategies and the use of effective communication promote awareness and commitment to the organization's purpose and ethical standards. Lastly, organizations need continuous feedback and adaptation through the establishment of a specific system to evaluate the effectiveness of knowledge management and enable continuous improvement. In this context, the commitment of the management level is of existential importance. It ensures that managers fully support the purpose and ethical principles and actively exemplify them. The development of KPIs (Key Performance Indicators), in turn, helps to measure the influence of purpose and business ethics on the organization. Measuring success means development of KPIs (Key Performance Indicators) to measure the impact of purpose and business ethics on the organization. To achieve this, organizations need the will to transform, adapt and be flexible enough to dynamically adapt knowledge management to changes in the organization and its environment.

References

Andriani, M., Christiandy, A., Wiratmadja, I., & Sunaryo I. (2022). Knowledge management effectiveness model in facilitating generation differences, *Knowledge Management Research & Practice*, 20(6), 947–959.

Antunes, H., & Pinheiro, P. (2020) Linking knowledge management, organizational learning and memory. *Journal of Innovation and Knowledge*, 5(2), 140–149.

Barrett, R. (2016). *Werteorientierte Unternehmensführung. Cultural Transformation Tools für Performance und Profit.* Wiesbaden: Springer Gabler.

Baskerville, R., & Dulipovici, A. (2006). The theoretical foundations of knowledge management, *Knowledge Management Research & Practice*, 4(2), 83–105.

Bruder, I. (2020). A Social Mission is Not Enough: Reflecting the Normative Foundations of Social Entrepreneurship. *Journal of Business Ethics*. 174, 487–505.

Chia, A., Kern, M. L., & Neville, B.A. (2020). CSR for Happiness: Corporate determinants of societal happiness as social responsibility. *Business Ethics, the Environment & Responsibility*, 29 (3). 422-437

DeTienne, K., Ellerston, C. F., Ingerson, M-C., & Dudley, W. R. (2019). Moral Development in Business Ethics: An Examination and Critique. *Journal of Business Ethics*, 170, 429–448.

Dmytriyev, S. D., Freeman, R. E., & Hörisch, J. (2021). The Relationship between Stakeholder Theory and Corporate Social Responsibility: Differences, Similarities, and Implications for Social Issues in Management. *Journal of Management Studies*, 58(6), 1441–1470.

Edmans, A. (2023). How great companies deliver both purpose and profit. *Journal of Chinese Economic and Business Studies*, 21 (3), 465–469.

Fleischer, H. (2021). Corporate Purpose: A Management Concept and its Implications for Company Law. *European Company and Financial Law Review*, 18(2), 161–189.

Freeman, R. E. (1984). *Strategic Management: A Stakeholder Approach*. Boston: Pitman, 31–41.

Frost, J. (2024). *Wissensmanagement*. Gabler Wirtschaftslexikon. Gabler. https://wirtschaftslexikon.gabler.de/definition/wissensmanagement-47468.

Gersel, J., & Johnsen, R. (2020). Toward a Novel Theory of Rational Managerial Deliberation: Stakeholders, Ethical Values, and Corporate Governance. *Academy of Management Learning & Education*, 19(3). 269–288.

Guitouni, A. (2020). Sustainable Value Management: Pluralistic, Multi-Criteria, and Long-Term Decision-Making. *Responsible Research for Better Business: Creating Useful and Credible Knowledge for Business and Society*, 149–182.

Jerzy, N. (2019). *Purpose-Studie: Lieber sinnvolle Arbeit als mehr Gehalt*. https://www.capital.de/karriere/lieber-sinnvolle-arbeit-als-mehr-gehalt-karriere

Joly, H. (2021). How to Lead in the Stakeholder Era: Focus on purpose and people. The profits will follow. *Harvard Business Review* (Reprint H06CH2), 1–12.

Kägi, I. W. (2019). *Agile Unternehmen binden Mitarbeitende*. https://www.kalaidos-fh.ch/de-CH/Blog/Posts/Archiv/hrl-1214-Agile-Unternehmen-binden-Mitarbeitende

Kapo, A., Mujkic, A., Turulja, L., & Kovačević, J. (2021). Continuous e-learning at the workplace: the passport for the future of knowledge. *Information Technology & People*, 34 (5), 1462–1489.

Kommission der europäischen Gemeinschaften (2001). *Mitteilung der Kommission: Einen europäischen Raum des lebenslangen Lernens schaffen*. https://eur-lex.europa.eu/LexUriServ/LexUriServ.do?uri=COM:2001:0678:FIN:DE:PDF

Lam, L., Nguyen, P., Le., N., & Tran, K. (2021). The Relation Among Organizational Culture, Knowledge Management, and Innovation Capability: Its Implication for Open Innovation. *Journal of Open Innovation*, 71(1), 66.

Lin-Hi, N. (n. y.). Wirtschaftsethik. *Gabler Wirtschaftslexikon.* https://wirtschaftslexikon.gabler.de/definition/wirtschaftsethik-48644.

LinkedIn (2016). *Employer Branding Statistics.*

Manesh, M.F., Pellegrini, M.M., Dabic, G.M.M. (2021). Knowledge management in the fourth industrial revolution: mapping the literature and scoping future avenues. *IEEE Trans. Eng. Manag.*, 68 (2021), 289–300.

Nuissl, E. & Przybylska, E. (2014). „Lebenslanges Lernen"– Geschichte eines bildungspolitischen Konzepts. https://www.bpb.de/themen/bildung/dossier-bildung/197495/lebenslanges-lernen-geschichte-eines-bildungspolitischen-konzepts/

Peters, P., Schlottmann, P. & Gerholz, K.-H. (2022). Weiterbildung ist (k)eine Chefsache, oder? – Leadership als eine nicht unwesentliche Rolle für Weiterbildungsmotivation. *Zeitschrift für Interdisziplinäre Ökonomische Forschung*, 1/2022, 29–37.

Peters, P. (2022). *Nachhaltige Wirtschafts- und Unternehmensethik. Ein Leitfaden für Wissenschaft und Praxis.* Stuttgart: Kohlhammer.

Peters, P. (2023). Vom sozial engagierten Unternehmertum zur Purpose Economy: Sinn stiften,Werte schaffen. *Kirche und Gesellschaft, herausgegeben von der Katholischen Sozialwissenschaftlichen Zentralstelle, 503.* https://www.gruene-reihe.eu/artikel/vom-sozial-engagierten-unternehmertum-zur-purpose-economy/

Peters, P. & Röniger, U. (2023). *The Human Organization.* https://mybreev.com/de/the-human-org

Pies, I. & von Winning, A. (2004). Working Paper Wirtschaftsethik. Diskussionspapier, 2004–13. https://nbn-resolving.de/urn:nbn:de:gbv:3:2-2306

Ricart, J. E. & Rey, C. (2022). Purpose in Corporate Governance: The Path Towards a More Sustainable World. *Sustainability.* 14(8). 43–84.

Sandel, M. J. (2012). *What Money Can't Buy: The Moral Limits of Markets.* New York: Farrar, Straus and Giroux.

Sen, A. (1987). *On Ethics and Economics.* Oxford: Blackwell.

Stock, G. N., Tsai, J. C.-A., Jiang, J. J., & Klein, G. (2021) Coping with uncertainty: Knowledge sharing in new product development projects. *International Journal of Project Management*, 39 (1), 59–70.

Suchanek, A. (2007). *Ökonomische Ethik.* Tübingen: Mohr Siebeck.

Suchanek, A., & Lin-Hi, N. (2010). Gute und verantwortungsvolle Unternehmensführung als Zusammenarbeit zum gegenseitigen Vorteil. Wittenberg: Wittenberg-Zentrum für Globale Ethik e.V., Diskussionspapier Nr. 2010–3. 1–13. https://www.wcge.org/images/wissenschaft/publikationen/DP_2010-03_Suchanek_Lin-Hi_Gute_und_verantwortungsvolle_Unternehmensfuehrung_als_Zusammenarbeit_zum_gegenseitigen_Vorteil.pdf

Ulrich, P. (2004). *Unternehmensethik – integrativ gedacht. Was ethische Orientierung in einem „zivilisierten" Wirtschaftsleben bedeutet.* IWE Verlag.

Van Tulder, R., Rodriguez, S. B., Mirza, H., & Sexsmith, K. (2021). The UN's Sustainable Development Goals: Can Multinational Enterprises Lead the Decade of Action? *Journal of International Business Policy*, 4, 1–21.

Wieland, J., & Ehrenberger, M. (2015). Governanceethik. In D. van Aaken, & P. Schreck (eds.), *Theorien der Wirtschafts- und Unternehmensethik* (113–147). Frankfurt am Main: Suhrkamp.

Tanja Schriefers[1] and Patrick Szillat[2]

6. Online Grocery Shopping Adoption Towards Generation X in Germany in the Context of Knowledge Management: An Investigation Into Understanding and Mitigation of Barriers

Abstract: This study deals with the adoption of online grocery shopping by Generation X in Germany. It involves an extension of the initial Technology Acceptance Model, consisting of perceived usefulness, perceived ease of use, attitude, behavioural intention, trust, perceived risk and awareness. To test the proposed influences, data were collected through survey research with 297 valid responses and subsequently analyzed through Partial Least Squares Structural Equation Modeling. The findings confirm the significance of all proposed relationships except between awareness and perceived usefulness and show that experience mitigates the negative influence of risk on attitude. The conclusions contain the importance of focus on reducing perceived product risk and acquiring new customers. Measures include ensuring product quality, customer-oriented remuneration policies, referral marketing and positive cross-category spillover effects.

Keywords: Online grocery shopping, e-groceries, consumer acceptance, TAM

6.1 Introduction

The pervasive digitization of commerce has transformed the landscape of consumer behavior, particularly through the internet as a pivotal purchasing channel (Bauerová, 2021). With the European e-commerce market exceeds 479 billion US dollars in 2022 and an expected annual growth rate of 16 % until 2027, the impact on consumer choices is profound, notably in Germany where clothing and electronics dominate, and food, especially online grocery shopping (OGS), is rapidly expanding (Zavialova, 2022).

---

1 Tanja Schriefers, MSc (Plymouth), is currently working as a Junior Consultant Client Service focusing on the financial sector of a major media agency, special fields of interest: consumer behavior and marketing.

2 Dr. Patrick Szillat is manager of postgraduate programmes and researcher at Fontys University of Applied Sciences, Venlo (NL). Email: p.szillat@fontys.nl

Drawing upon research conducted by Van Droogenbroeck and Van Hove (2021), Berg and Henriksson (2020) and Hui and Wan (2009), it becomes evident that OGS is predominantly used by younger age groups and as age increases, there is a higher tendency to reject the new business model, which is also the case for the German market (destatis, 2022). This leaves a conspicuous gap in understanding the adoption dynamics among older consumers, particularly in the Generation X (Gen) X cohort, born between 1965 and 1980 (Dimock, 2019). Gen X, often overlooked between the older cohort Baby Boomers and the younger cohort Millennials (Marjanen et al., 2019), plays a substantial role in purchasing household and fast-moving consumer goods in Germany, with evidence suggesting that this age group particularly enjoys buying these products online (GfK, 2020). Lifestyle, health, and psychographic characteristics, along with diverse motives for OGS, differ significantly between generations (Bezirgani & Lachapelle, 2021), necessitating targeted research on older consumer groups.

This study aims to address the research gap by delving into the OGS adoption patterns of Gen X in Germany, focusing on to-home delivery. The overarching question guiding this investigation is: What are the main factors contributing to German Gen X rejecting online grocery shopping, and how can these barriers be overcome? Considering the research aim, the following specific research objectives have been formulated:

- Identification of the factors influencing the consumer's intention towards OGS usage through an extensive literature review and the creation of a conceptual model.
- Comparison of the perceived risks of OGS between (former) OGS consumers and consumers without OGS experience, with a focus on Gen X.
- Derivation of actionable recommendations for retailers to mitigate perceived risks and encourage OGS adoption among German Gen X consumers.

This study enhances existing research by specifically addressing the underexplored realm of OGS adoption among Generation X in Germany. By elucidating the factors influencing OGS rejection within this cohort, the study not only bridges a crucial research gap but also provides actionable insights that can inform targeted strategies for retailers aiming to tap into the untapped potential of Gen X consumers.

6.2 OGS Adoption in the Context of Knowledge Management

Knowledge management is paramount in the context of the discussed study on the adoption of online grocery shopping (OGS) among Generation X in Germany. As businesses navigate the dynamic e-commerce landscape, the effective management of knowledge plays a pivotal role in crafting strategies that resonate with consumer behavior. In this digital era, data generated from consumer transactions serves as a valuable repository of insights into preferences, trends, and adoption patterns. Knowledge management enables businesses to systematically organize, analyze, and leverage this information to understand the intricacies of consumer decision-making within the e-commerce sector. In the specific case of OGS adoption, comprehending the factors influencing consumers' intentions is crucial for retailers to tailor their offerings and overcome barriers to acceptance among Generation X consumers. Moreover, the identification of these factors, achieved through a thorough literature review and the creation of a conceptual model, contributes to a deeper understanding of consumer behavior. This knowledge, when effectively managed, empowers businesses to make informed decisions, develop targeted strategies, and ultimately tap into the untapped potential of Generation X consumers. In summary, knowledge management acts as a linchpin, connecting data-driven insights with strategic decision-making, thereby enhancing the ability of businesses to thrive in the evolving landscape of e-commerce.

6.3 Online Grocery Shopping

The OGS business model offers various advantages over traditional grocery shopping, with time savings being a key motivator (Bezirgani & Lachapelle, 2021; Rohleder, 2021; Berg & Henriksson, 2020; Harris et al., 2017; Kau et al., 2003). In particular, the independence from store hours, home delivery, and a wider product selection are perceived as beneficial (Rohleder, 2021). Hand et al. (2009) as well as Ramus & Nielsen (2005) figured convenience and flexibility, especially for those with limited time, as further crucial factors favoring OGS.

Older consumers, however, may prioritize different aspects, with factors like health, mobility, and proximity to the store influencing their decision to use OGS (Kvalsvik, 2022; Bezirgani & Lachapelle, 2021). OGS also appeals to older individuals by reducing physical effort, eliminating the need for heavy bags and minimizing queuing, thus addressing health and mobility concerns (Berg and Henriksson, 2020; Harris *et al.*, 2017). Additionally, the availability of unique products not found in local stores and a lower incidence of impulse buying are further incentives for consumers to embrace OGS (Bezirgani & Lachapelle, 2021; Berg & Henriksson, 2020; Blitstein et al., 2020; Ramus & Nielsen, 2005).

Despite the specific advantages linked to the shopping channel, OGS also has clear drawbacks. While certain individuals perceive OGS as less stressful than traditional in-store experiences, others express concerns about the planning and anticipation of deliveries, particularly the possibility of them being incomplete or delayed (Robinson *et al.*, 2007). Consumers consider the delivery of fresh and chilled products as particularly risky (Ramus & Nielsen, 2005), and for the purposes of this study, these are termed "problematic products," as defined by Gruntkowski & Martinez (2022). Additionally, delivery costs are viewed as obstacles (Herrando et al., 2019; Seitz et al., 2017; Ramus & Nielsen, 2005).

The absence of impulse buying is not only perceived as a benefit of OGS, but by some consumers as a constraint. Criticized for lacking in-store inspiration as well as challenges with website or application structure and perceived risk of online payment platforms are additional drawbacks (Ramachandran et al., 2011; Robinson et al., 2007; Ramus & Nielsen, 2005). A key difference from in-store shopping is the inability to physically inspect products before purchase, especially for problematic items, leading to avoidance (Dynata, 2023; Gruntkowski & Martinez, 2022; Seitz et al., 2017). Trust issues arise concerning product selection by retailers within OGS, impacting perceived quality (Singh et al., 2021; Ramachandran et al., 2011; Hand et al., 2009; Ramus & Nielsen, 2005)

Trust and perceived risk as interrelated constructs (Mortimer et al., 2016) play significant roles in OGS. Product or performance risk, linked to uncertainty about quality, particularly for problematic products, influences trust and purchase intention (Gruntkowski & Martinez, 2022; Ariffin et al., 2018; Ramachandran et al., 2011; Hand et al., 2009; Ramus & Nielsen, 200) Financial or security risk, associated with additional costs and perceived unsafe payment systems, as well as privacy risk, contribute to consumers' avoicdance to shop online (Amirtha et al., 2020; Kamalul Ariffin et al., 2018; Featherman & Pavlou, 2003)

6.3 Theories Used in OGS Research

In recent technology acceptance literature, established theories from various perspectives include the Unified Theory of Acceptance and Use of Technology (UTAUT), and the Technology Acceptance Model (TAM) (Haryanti & Subriadi, 2020). These technology-based theories (Yang et al., 2020) are commonly applied in both general e-commerce and research related to Online-to-Offline

(O2O) and OGS contexts (Zhu et al., 2022; Park & Park, 2020; Yang et al., 2020; Driediger & Bhatiasevi, 2019; Kang & Namkung, 2019; Lee et al., 2019; Roh & Park, 2019; Yeo et al., 2017).

UTAUT, conceptualized by Venkatesh et al. (2003), combines the psychology-based theories TRA, TPB (Yang et al., 2020) with TAM, and five other models, featuring factors such as performance expectancy, effort expectancy, social influence, behavioral intention, and usage behavior. It is moderated by gender, age, experience, and voluntariness of use (Venkatesh et al., 2003). Despite its complexity, UTAUT may have limited explanatory power in m-commerce research, including OGS (Alshammari & Rosli, 2020).

The original TAM by Davis (1986) focuses on user acceptance of information systems and technologies, emphasizing perceived usefulness (PU), perceived ease of use (PEOU), attitude towards usage (AT), and behavioral intention (BI) (Davis et al., 1989). PU defines the likelihood of a particular application improving work performance, while PEOU describes the ease of using the application without additional effort (Lai, 2017). Critiques of TAM include concerns that attitudes toward technological services are inconsequential without access to the technology (Taherdoost, 2018), and that it assumes consciously and rationally planned behaviors, neglecting actions based on feelings or intuition (Al Sukkar & Hasan, 2005). Furthermore, the model lacks consideration of external and situational factors. To address this limitation, incorporating additional complementary factors, as commonly done in online grocery shopping (OGS) research, can offer a more comprehensive understanding.

The table below provides an overview of recent literature using the initial TAM and tailored extensions in various e-commerce research fields. In the OGS domain, the initial TAM is often used independently (Bauerová & Klepek, 2018; Shukla & Sharma, 2018; Hui & Wan, 2009). When additional factors are included, perceived risk (PR) and trust (TR) are notable, addressing concerns about external factors in the TAM (Arslan & Turan, 2022; Ruangkanjanases et al., 2021; Driediger & Bhatiasevi, 2019; Loketkrawee & Bhatiasevi, 2018; Ashraf et al., 2014; Zhu et al., 2011; Ha & Stoel, 2009; Li & Huang, 2009; Chien et al., 2003). In their thematic literature review on O2O commerce, Yao et al. (2022) highlight the significance of PR and TR, aligning with recent studies like Kvalsvik's (2022) identification of perceived benefits, barriers, PR, and TR as key factors influencing OGS adoption. Exploring a related field, Al-Somali et al. (2009) examined online banking, incorporating trust and awareness into their model.

Table 1. Overview of TAM Extensions used in Relevant Research

TAM Variation	Reference	Research Field
TAM	Bauerová & Klepek (2018)	OGS
TAM	Shukla & Sharma (2018)	OGS
TAM	Hui & Wan (2009)	OGS
TAM, perceived risk	Li & Huang (2009)	E-Commerce
TAM, perceived risk and trust	Driediger & Bhatiasevi (2018)	OGS
TAM, perceived risk and trust	Zhu et al. (2011)	E-Commerce
TAM, perceived risk and trust	Tyrväinen & Karjaluoto (2022)	OGS
TAM, perceived risk and other	Arslan & Turan (2022)	OGS
TAM, perceived risk and other	Rahman & Sloan (2017)	Online Banking
TAM, perceived risk, awareness and other	Al-Somali et al. (2009)	Online Banking
TAM, perceived risk and other	Chien et al. (2003)	OGS
TAM, trust and other	Ruangkanjanases et al. (2021)	OGS
TAM, trust and other	Loketkrawee & Bhatiasevi (2018)	OGS
TAM, trust and other	Ashraf et al. (2014)	E-Commerce
TAM, trust and other	Ha & Stoel (2009)	E-Commerce

6.4 Conceptual Model and Hypothesis Development

Drawing on existing OGS research aimed at closing the research gap, key factors influencing the acceptance of OGS in Generation X in Germany are identified. These factors hereafter are linked by hypotheses and formed into a conceptual model illustrated in Figure 1. Perceived Ease of Use of OGS (PEOU): Perceived ease of use and perceived usefulness are core TAM variables influencing downstream attitudes and behavioral intentions (Alzubi et al., 2018). Numerous studies across different online shopping areas confirm the positive relationship between perceived ease of use and perceived usefulness, including online banking, O2O commerce, and OGS (Arslan & Turan, 2022; Driediger & Bhatiasevi, 2019; Bauerová & Klepek, 2018; Loketkrawee & Bhatiasevi, 2018; Riantini et al., 2018; Shukla & Sharma, 2018; Ashraf et al., 2014; Al-Somali et al., 2009). Considering Gen X as "digital immigrants", less familiar with technology, it is hypothesized that the perceived ease of use of OGS positively impacts its perceived usefulness for this demographic. Hypothesis 1 implies that a user-friendly and straightforward OGS platform increases its perceived benefits for Gen X consumers. Perceived ease of use not only influences perceived usefulness but also positively affects attitude, as evident in literature. Studies on O2O usage, general e-commerce, and OGS consistently demonstrate this positive influence (Yang et al., 2020; Fedorko et al., 2018; Riantini et al., 2018). On this basis, the following hypotheses are formulated:

H1: Perceived ease of use of online grocery shopping positively influences the perceived usefulness of online grocery shopping
H2: Perceived ease of use of online grocery shopping has a positive influence on the attitude towards online grocery shopping

Perceived Usefulness (PU): Compared to traditional grocery shopping, the OGS advantages of time savings, flexibility, and reduced physical effort are frequently highlighted (Bezirgani & Lachapelle, 2021; Rohleder, 2021; Berg & Henriksson, 2020; Harris et al., 2017; Seitz et al., 2017; Ramus & Nielsen, 2005; Kau et al., 2003). However, it is essential to acknowledge that the perceived usage of the service is subjective (Kvalsvik, 2022). In studies on online food delivery services, a positive relationship between post-usage perceived usefulness and attitude was found (Yeo et al., 2017). Yang et al. (2020) established a significant relationship between perceived usefulness and attitude in the context of OGS. In contrast, Arslan & Turan (2022) partially supported the impact of perceived usefulness on attitude toward OGS. Considering these findings, the following hypothesis is proposed:

H3: Perceived usefulness of online grocery shopping has a positive influence on the attitude towards online grocery shopping

Attitude towards OGS Usage (AT): The impact of attitude on behavioural intention was consistently confirmed within the TAM framework in the context of OGS (Bauerová & Klepek, 2018; Loketkrawee & Bhatiasevi, 2018). Riantini et al. (2018) found a significant positive association in their study on general e-commerce. Yang et al. (2020) established a significant relationship between attitude and behavioural intention in the O2O-commerce context. Additionally, studies by Arslan & Turan (2022), Tyrväinen & Karjaluoto (2022) and Shukla & Sharma (2018) in the field of OGS research confirmed a positive influence of attitude usage on behavioural intention. This leads to the following hypothesis:

H4: Attitude towards online grocery shopping has a positive influence on the intention towards online grocery shopping

Trust in OGS (TR): Beyond perceived usefulness and perceived ease of use, the initial TAM (Davis, 1986) overlooks concrete external factors. In this study, trust is introduced as a critical independent variable for OGS adoption, aligning with the recommendations of Haryanti & Subriadi (2020). Trust, emphasized by Reichheld & Schefter (2000), plays a key role in technology adoption. In e-commerce, consumers must trust both product quality and the handling of sensitive data (Ha & Stoel, 2009). Trust has consistently demonstrated a positive impact on perceived usefulness, perceived ease of use and behavioral intention (Kim & Song, 2010) while Seitz et al. (2017) identified a lack of trust as a primary reason for OGS rejection in the German market. Ha & Stoel (2009) associated perceived usefulness of OGS with trust positively and significantly.

In the realm of online shopping behavior, the interrelation of trust and perceived risk is vital (Mortimer et al., 2016). Studies on online banking show a positive relationship between trust and perceived usefulness but a negative influence on perceived risk (Zhu et al., 2011). Chen et al. (2019) found trust to diminish perceived risk in the O2O context. Mortimer et al. (2016) uncovered a significant negative relationship between trust and perceived risk for both frequent and infrequent OGS customers. To examine the influence of trust on perceived risk and perceived usefulness, the following hypotheses are proposed:

H5: Trust in online grocery shopping positively influences the perceived usefulness of online grocery shopping
H6: Trust in online grocery shopping negatively influences the perceived risk of online grocery shopping

Perceived Risk of OGS (PR): Given that the perceived risk of online purchases often surpasses that of offline transactions (Doolin et al., 2005), it becomes a crucial factor in comprehending OGS adoption. Authors express surprise that models like TAM and UTAUT do not inherently include this factor (Van Droogenbroeck & Van Hove, 2021). Concerning the TAM, the question of the extent to which there is a correlation between perceived risk and perceived benefit in relation to OGS has not been clearly answered yet.

Herrero Crespo et al. (2009) extended TAM with risk, finding that perceived risk negatively influences behavioral intention for both internet buyers and non-internet buyers. Notably, a negative relationship between perceived risk and attitude was observed only in the non-internet sample, and the negative link with perceived benefit was only seen in the buyer sample. They emphasized different risk types, indicating that overall risk is shaped by performance risk, privacy risk, and financial risk.

Mortimer et al. (2016) studied OGS, revealing that trust negatively impacts risk for both frequent and non-frequent shoppers. Moshref Javadi et al. (2012) found that financial and non-delivery risks in general e-commerce negatively impact attitude. However, other studies

(Tyrväinen & Karjaluoto, 2022; Driediger & Bhatiasevi, 2019; Chien et al., 2003) were not able to establish a significant relationship between perceived risk and attitude. Considering the prevalent classification of increased perceived risk in OGS (Gruntkowski & Martinez, 2022; Seitz et al., 2017; Ramachandran et al., 2011; Hand et al., 2009; Ramus & Nielsen, 2005), the following hypothesis is posited:

H7: Perceived risk of online grocery shopping negatively influences the attitude towards online grocery shopping

Awareness about OGS (AW): Understanding a technology and its benefits is pivotal for fostering willingness to adopt it (Mutahar et al., 2018). In their research on OGS in Germany, Seitz et al. (2017) were able to identify that awareness of the service is important for acceptance and contributes to willingness to use the service. Lack of awareness and understanding about a service and its benefits can contribute to customer rejection (Al-Somali et al., 2009). Mutahar et al. (2018) demonstrate that awareness has a positive influence on perceived usefulness. Given that the payment process is integral to e-commerce and OGS, it is reasonable to assume its importance in this context. Consequently, the following hypothesis is proposed:

H8: Awareness about online grocery shopping positively influences the perceived usefulness of online grocery shopping.

Experience with OGS (EXP) as moderator: Building trust in a provider relies on positive experiences with a service (Lee & Yoon, 2022). Loketkrawee & Bhatiasevi (2018) note that online shopping experience enhances trust and reduces perceived risk, potentially explaining variations in online shopping behavior. However, Herrero Crespo et al. (2009) found financial and performance risks to be important but not significant in their study on e-commerce. Acknowledging the impact of experience with OGS on adoption, this study distinguishes between experienced and inexperienced consumers, leading to two hypotheses:

H9a: The influence of trust in online grocery shopping on perceived risk is moderated by the experience level with the service.
H9b: The influence of perceived risk on attitudes towards online grocery shopping is moderated by the experience level with the service.

The following figure shows the interrelations of the above formulated hypotheses and their main variables as a conceptual model:

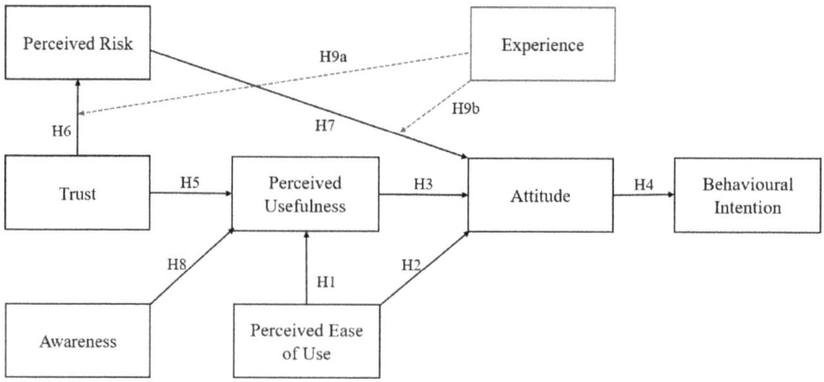

Figure 1. Conceptual Model

6.5 Methodology

The study aims to deepen understanding of Gen X's OGS adoption in Germany. Utilizing the research onion model by Saunders et al. (2019) as the methodological framework, this sub-chapter introduces the foundational layers for subsequent sections. The choice of research philosophy involves selecting from positivism, realism, interpretivism, or pragmatism. For this study, a positivist philosophy is chosen, emphasizing objectivity and empirical measurement (Sallis et al., 2021). The research approach is chosen depending on the role of theory application or development (Saunders et al., 2019). In this study, a deductive method is employed to measure factors influencing Gen X's OGS adoption in Germany. Using an extended version of the TAM model by Davis et al. (1989), incorporating additional variables, several hypotheses are formulated and tested in a deductive approach to contribute to existing knowledge. In this regard, this study adopts a quantitative approach that is well suited to the study of consumer behaviour using statistical data (McCusker & Gunaydin, 2015).

In OGS literature, (online or offline) survey research is one of the most frequently used methods (Ponte & Sergi, 2023; Kvalsvik, 2022; Lee & Yoon, 2022; Zhu et al., 2022; Ruangkanjanases et al., 2021; Singh et al., 2021; Van Droogenbroeck & Van Hove, 2021; Brand et al., 2020; Frentz, 2020; Singh & Söderlund, 2020; Driediger & Bhatiasevi, 2019; Roh & Park, 2019; Bauerová & Klepek, 2018; Harris et al., 2017; Seitz et al., 2017; Mortimer et al., 2016). To address the identified research gap in terms of familiarity with technology, this study utilizes a mixed-methods survey approach using both online and paper questionnaires. While online surveys are prevalent due to cost efficiency (Ratten, 2023), the paper-and-pen method accommodates less internet-savvy individuals (Sekaran & Bougie, 2012), such as Gen X, often considered "digital immigrants" (Lissitsa & Kol, 2019).

For sampling, a non-probability convenience sample is chosen for its cost-effectiveness, quick data collection, and accessibility (Islam et al., 2022). In this method, the sample is not selected randomly, but rather on the basis of what is convenient for the researcher, such as through social networks or personally (Saunders et al., 2019). However, a significant limitation is that it does not allow for the determination of the sample's representativeness due to the unknown discrepancy between the sample estimate and the population (Dubey and Kothari, 2022). Targeting German Gen X consumers (43–58 years old), this study opts for social media used by this generational cohort, particularly Facebook (ARD/ZDF, 2023; Mander & Kavanagh, 2019), and personal acquisition for the distribution of online and paper-and-pencil surveys, respectively.

For the calculation of the minimum sample size n Saunders et al. (2019) provide the following formula $n = \rho\% \times q\% \times [z / e\%]^2$, where ρ% is the percentage belonging to the specified category and q% is the counterpart. While z corresponds to the associated confidence level, e% represents the margin of error. When ρ and q are not known, then 0.5 is used as the worst-case scenario (Felderer et al., 2022). For this study, a confidence level of 95 % and an error margin of 6 % are assumed, resulting in a calculated minimum sample size of 267. Relative to various OGS research references, this study's sample size falls within the midfield range (Gruntkowski & Martinez, 2022; Lee & Yoon, 2022; Vasudevan et al., 2022; Wang & Scrimgeour, 2022; Van Droogenbroeck & Van Hove, 2021).

All questions are mandatory and closed-ended for statistical analysis (Ali et al., 2022). Dichotomous and nominal scales, along with contingency questions, were utilized to gather demographic information, filtering participants based on age and place of residence. Likert scales were employed to query OGS behavior and attitudes for hypothesis testing (Dubey & Kothari, 2022). Two customized versions targeted participants with and without OGS experience, ensuring content consistency through adapted wording. To address language-related comprehension issues, the survey was initially crafted in English and then translated into German for the German audience using the side-by-side approach (van Nes et al., 2010). Furthermore, the survey questionnaire includes a gift voucher incentive to encourage participant engagement (Saliya, 2022).

Research ethics, following the framework by Saliya (2022) and content based on Dubey & Kothari (2022), are upheld in this study. It includes ensuring participant protection through anonymity, preventing deception, obtaining informed consent, and maintaining confidentiality. The survey's introductory text explicitly outlines these ethical principles, emphasizing participant rights, privacy, and the voluntary nature of their involvement.

It is advisable to examine the collected data through cleaning (Janssens et al., 2008) and coding for subsequent analysis using statistical software like Microsoft Excel and IBM SPSS (Adams et al., 2007; Saunders et al., 2019). These are followed by descriptive statistics, which are crucial for the description of sample characteristics and assumptions for inferential statistical tests (Saunders et al., 2019; Pallant, 2016). In order to test the hypotheses, it is important to know whether the data are normally distributed, since many tests, like the regression analysis, require normality (Pallant, 2016). Standard techniques include skewness, kurtosis, Kolmogorov-Smirnov-, and Shapiro-Wilk test (Saliya, 2022; Pallant, 2016). To employ these methods, composite variables are initially created by amalgamating multiple individual questions into a single variable (Saliya, 2022). Skewness measures symmetry, and kurtosis provides insights into data peaks. A skewness and kurtosis of zero signify an entirely normal distribution (Denis, 2021). In the Kolmogorov-Smirnov and Shapiro-Wilk tests, a p-value exceeding 0.05 suggests normal data distribution (Pallant, 2016).

Correlation analysis assesses the existence and strength of a relationship between variables in a monotonic manner (Schober et al., 2018). Spearman's rank correlation coefficient rho (ρ), commonly used in economic and management research, measures the strength of relationships between two variables. Unlike Pearson's correlation coefficient, ρ is applicable to ordinally scaled and non-normally distributed data (Saunders et al., 2019). Ranging between +1 and −1, ρ values indicate the correlation's direction. A ρ-value between 1 and 0.5 suggests a strong correlation, 0.49 to 0.30 indicates moderate, and 0.29 to 0.10 signifies weak correlations. Values below 0.1 imply no correlation (Pallant, 2016).

While a correlation analysis focuses on identifying relationships and their strength and direction, a linear regression analysis deals with cause-effect relationships (Schober et al., 2018). By carrying out a simple linear regression, the relationship between one independent variable (predictor) and one dependent variable (criterion) is examined (Meyers et al., 2006). Multiple linear regression analysis can be applied to find out which variable chosen from a range of variables is the most predictive of an eventual outcome (Pallant, 2016). One of the basic requirements for the calculation of a regression is the normal distribution of the data (Saunders et al., 2019).

Another regression-based approach is Partial Least Squares Structural Equation Modelling (PLS-SEM) (Avkiran, 2018), which is well-established in marketing research and gaining popularity in various research fields (Guenther et al., 2023; Nusair & Hua, 2010). One of the most important rationales for using PLS-SEM instead of multiple regression is that it does not require a normal distribution. Furthermore, unlike regression analysis, SEM offers more flexibility when testing holistic models due to the fact that multiple predictors and criteria can be used. This allows the mediation of relationships to be tested in a single model (Nitzl & Chin, 2017). In addition, PLS-SEM is well suited for complex models, such as the extension of the TAM in this study (Sarstedt et al., 2022). One of the advantages of multiple regression, however, is that it has been used and developed for more than 100 years, making it a sophisticated and powerful method (Nusair & Hua, 2010). In O2O food commerce and OGS literature, researchers like Brahim et al. (2023), Zhu et al. (2022), Bezirgani & Lachapelle (2021), Driediger & Bhatiasevi (2019), Roh & Park (2019), Bauerová & Klepek (2018), Riantini et al. (2018), and Herrero Crespo et al. (2009) have utilized PLS-SEM to assess their data and test hypotheses. Given the complexity of the conceptual model in this study and the non-normal distribution of the collected data, PLS-SEM is the preferred analytical method. The first part of the PLS pathway, the measurement model, encompasses four factors: indicator reliability, convergent reliability, internal consistency, and discriminant validity (Hair et al., 2021). Indicator reliability is assessed using the indicator loading and Cronbach's Alpha, α, with a minimum loading of 0.7 considered significant *(Saunders et al., 2019).* Convergent reliability is gauged by the Average Variance Extracted (AVE) (Hair et al., 2021), aiming for at least 0.5 to explain 50 % of the variance (Benitez et al., 2020; Nusair & Hua, 2010). Internal consistency is measured by the composite reliability Rho_A (Hair et al., 2021), with values between 0.6 and 0.7 deemed acceptable (Hair, 2020). Discriminant validity indicates the degree to which constructs differ within the model and is evaluated using the heterotrait-monotrait ratio (HTMT), which should be below 1.00 (Henseler et al., 2017)

Upon confirmation of the measurement model, focus transitions to the structural model (Hair et al., 2021). Key metrics of interest include path coefficients (β) with corresponding p-values and t-values, along with the coefficient of multiple determination (R^2), assessing relevance, significance, and explanatory power of the model (ibid., 2022). Path coefficients (β) indicate standardized regression coefficients (Benitez et al., 2020), ranging between -1 and +1. A value closer to +/- 1 signifies a stronger relationship, and within a structural model, β should be at least 0.15 (Hair et al., 2021). Significance is measured by the p-value, an indicator for statistical significance (Wasserstein & Lazar, 2016), and the t-value, derived through a nonparametric bootstrap procedure

(Hair et al., 2022). Hair et al. (2022) recommend applying 10,000 samples for bootstrapping. For t-values above 1.645, a significance level of 10 % is assumed, while the thresholds for 5 % and 1 % significance are 1.96 and 2.576, respectively (ibid., 2021). Explanatory power is measured by the coefficient of multiple determination R^2, ranging from 0 to +1. R^2 gauges the proportion of the variance of a criterion explained by independent predictor(s) (Pallant, 2016). Generally, R^2 values of 0.75, 0.50, and 0.25 can be considered substantial, moderate, and weak, respectively, with interpretation varying based on the scientific discipline and model complexity (Hair et al., 2021).

Moderation analysis explores how a moderator influences the relationship between two variables, either strengthening, weakening, or altering its direction (Memon et al., 2019). It assesses the significance of the interaction term, represented by X*M (Z), in a separate step after the initial PLS-SEM analysis (Hair et al., 2022). The interaction term includes a dependent variable (Y), an independent variable (X), and the moderator (M), which affects the X-Y relationship (Memon et al., 2019). The PLS algorithm provides the path coefficient (β) and effect size (f^2), with values of 0.02 considered small, 0.15 medium, and 0.35 large (Guenther et al., 2023; Hair et al., 2019; Henseler & Fassott, 2010). Relevance is assessed using the t-value, as in regular analysis (Hair et al., 2021).

6.6 Analysis

6.6.1 Sample, Normality and Correlation

Out of 374 survey participants, 77 were excluded as they were either outside the relevant Gen X age group or resided outside Germany. This resulted in 297 valid records, with 205 from the online survey and 92 from the paper-and-pencil version. Paper-and-pen survey responses were integrated with online survey responses using Microsoft Excel, merging Group 1 (consumers with OGS experience) and Group 2 (consumers without OGS experience). Demographics of the total sample and subgroups are illustrated in the following table. The majority of respondents were aged 53 to 58 (39.4 %), female (64.0 %), inexperienced with OGS (51.9 %), residing in a city with 5,000 to 99,000 inhabitants (50.2 %), and living in a two-person household (54.2 %).

Table 2. Sample Demographics

	Total Sample		**Group 1 (Experienced)**		**Group 2 (Unexperienced)**	
	Freq.	%	**Freq.**	%	**Freq.**	%
Total	297	100,0 %	143	100,0 %	154	100,0 %
Age						
43–47 years old	103	34,7 %	68	47,6 %	35	22,7 %
48–52 years old	77	25,9 %	51	35,7 %	26	16,9 %
53–58 years old	117	39,4 %	24	16,8 %	93	60,4 %
Gender						
Female	190	64,0 %	90	62,9 %	100	64,9 %
Male	107	36,0 %	53	37,1 %	54	35,1 %
Inhabitants in Place of Residence						
2,000–4,999	13	4,4 %	7	4,9 %	6	3,9 %
5,000–99,999	149	50,2 %	75	52,5 %	74	48,1 %
100,000–499,000	112	37,7 %	42	29,4 %	70	45,5 %
More than 500,000	23	7,7 %	19	13,3 %	4	2,6 %
Household Size						
1 person	31	10,4 %	17	11,9 %	14	9,1 %
2 persons	161	54,2 %	99	69,2 %	62	40,3 %
3 persons	54	18,2 %	16	11,2 %	38	24,7 %
4 persons	45	15,2 %	11	7,7 %	34	22,1 %
More than 4 persons	6	2,0 %	0	0,0 %	6	3,9 %
OGS Experience						
No experience with OGS	154	51,9 %	0	0,0 %	154	51,9 %
Experience with OGS	143	48,1 %	143	48,1 %	0	0,0 %
Experience with PP*	124	41,8 %	124	86,7 %	0	0,0 %
No experience with PP*	19	6,4 %	19	13,3 %	0	0,0 %

* Problematic Products

To assess normality, composite variables were formed (e. g., PU1-8 were averaged to create PU). The next table presents central tendencies and tests for normality for the entire sample. Both skewness and kurtosis, with values significantly deviating from 1, along with the results of the Shapiro-Wilk and Kolmogorov-Smirnov tests (p-value < .05), indicate non-normal distribution of the data.

Table 3. Normality Assessment

	PU	PEOU	AT	BI	PR	TR	AW
Skew	0,11	0,31	-0,47	-0,30	-0.21	-0.17	-0,02
Kurtosis	-0,79	-0,38	1,14	0,13	-0,83	-0,49	-1,04
Shapiro-Wilk	0.974*	0.962*	0.958*	0.943*	0.966*	0.967*	0.931*
Kolmogorov-Smirnov[a]	0.085*	0.111*	0.128*	0.141*	0.143*	0.131*	0.143*

* P-Value = .001
a. Lilliefors Significance Correction

The table below displays correlations among constructs, highlighting those related to the eight hypotheses in bold. Given the non-normal data distribution, Spearman's rank order correlation analysis was employed. The results reveal expected moderate to strong correlations within the initial TAM variables. Trust and perceived usefulness exhibit a moderate positive relationship ($\rho = 0.448$, $p < 0.01$), while trust and perceived risk show a weak-to-moderate negative association ($\rho = 0.298$, $p < 0.01$). Additionally, there's a moderate negative correlation between perceived risk and attitude ($\rho = 0.333$, $p < 0.01$), and a moderate positive relationship between awareness and perceived usefulness ($\rho = 0.328$, $p < 0.01$).

Table 4. Correlation Analysis

		PU	PEOU	AT	BI	TR	PR	AW
Spearman's ρ N = 297	PU	1,000						
	PEOU	**0.758****	1,000					
	AT	**0.616****	**0.612****	1,000				
	BI	0.584**	0.440**	**0.469****	1,000			
	TR	**0.448****	0.320**	0.454**	0.534**	1,000		
	PR	-0,004	-0,043	**-0,333**	0,020	**-0,298**	1,000	
	AW	**0.328****	0.283*	0.553**	0.295**	0.268*	-0,155	1,000

**Correlation is significant at the 0.01 level (2-tailed), *Correlation is significant at the 0.05 level (2-tailed).

6.6.2 PLS-SEM

The following table illustrates the measurement model of the PLS-SEM. The evaluation indicates stable reliability, with all indicator loadings surpassing the 0.50 threshold. The highest average indicator loadings are found for trust.

Internal consistency, assessed through Cronbach's α, exceeds 0.7 for all constructs, with perceived usefulness, perceived ease of use, attitude, behavioral intention, and trust demonstrating the highest consistency (α ranging from 0.802 to 0.863). Rho_A values, another indicator of internal consistency, consistently exceed 0.6, highlighting good reliability. Notably, trust exhibits strong reliability with a Rho_A value of 0.913. All AVE values exceed 0.5, meeting the required minimum of 50 % variance explanation, with perceived ease of use having the highest AVE at 70.1 %.

Table 5. Measurement Model

	Indicator	Indicator Loading	Cronbach's α	CR, rho_A	AVE
PU			0,844	0,858	0,518
	PU1	0,729			
	PU2	0,759			
	PU3	0,703			
	PU4	0,705			
	PU5	0,729			
	PU6	0,568			
	PU7	0,773			
	PU8	0,649			
PEOU			0,863	0,864	0,711
	PEOU1	0,843			
	PEOU2	0,879			
	PEOU3	0,867			
	PEOU4	0,780			
AT			0,802	0,812	0,638
	AT1	0,833			
	AT2	0,887			
	AT3	0,838			
	AT4	0,610			
BI			0,809	0,881	0,552
	BI1	0,827			
	BI2	0,259			
	BI3	0,850			
	BI4	0,729			
	BI5	0,810			
	BI6	0,689			
PR			0,798	0,833	0,555

(continue)

Table 5. Continued

	PR1	0,856			
	PR2	0,826			
	PR3	0,753			
	PR4	0,695			
	PR5	0,559			
TR			0,829	0,913	0,652
	TR1	0,883			
	TR2	0,829			
	TR3	0,721			
	TR4	0,793			
AW			0,773	0,776	0,616
	AW1	0,645			
	AW2	0,609			
	AW3	0,906			
	AW4	0,926			

Discriminant validity is verified with HTMT ratios below 1, as shown in the table below, indicating no significant concerns.

Table 6. HTMT Matrix

	PU	PEOU	AT	BI	TR	PR
PU						
PEOU	0,874					
AT	0,813	0,778				
BI	0,784	0,744	0,774			
PR	0,284	0,304	0,371	0,385		
TR	0,638	0,424	0,599	0,768	0,393	
AW	0,394	0,326	0,699	0,526	0,428	0,312

With the confirmed measurement model, the structural model in the next table is assessed. Results are visualized in Figure 2, obtained through bootstrapping 10,000 samples using SmartPLS.

Table 7. Tabular results of PLS-SEM

Hypothesis	Relationship	ß-value	p-value	t-value	Conclusion
1	PEOU -> PU	0,626	0,001	7,056	Supported
2	PEOU -> AT	0,255	0,014	1,672	Supported
3	PU -> AT	0,476	0,000	3,735	Supported
4	AT -> BI	0,697	0,000	16,207	Supported
5	TR -> PU	0,306	0,012	2,860	Supported
6	TR -> PR	-0,346	0,000	2,577	Supported
7	PR -> AT	-0,262	0,010	2,532	Supported
8	AW -> PU	0,054	0,005	0,624	Rejected

PEOU significantly and positively influences PU and AT, supporting H1 and H2. The path coefficients (ß) for these relationships are 0.626 (t = 7.056) and 0.255 (t = 1.672), indicating that consumers finding OGS easy also tend to perceive it as useful and have a more positive attitude. Additionally, PU significantly and positively influences AT, with a path coefficient of 0.476 (t = 3.735), confirming H3. This suggests that those perceiving higher usefulness of OGS also tend to have a more positive attitude. Moreover, a significant positive effect of AT on BI is observed (ß = 0.697, t = 16.207), confirming H4. This indicates that consumers with a positive attitude towards OGS are more likely to develop the intention to use it. Thus, all constructs of the initial TAM are validated in line with the hypotheses. As anticipated, TR significantly and positively affects PU (ß = 0.306, t = 2.86) and negatively influences PR (ß = -0.346, t = 2.577), confirming H5 and H6. This implies that consumers with TR in OGS are more likely to perceive it as useful and less risky. Additionally, a significant negative impact was found from PR to AT (ß = -0.262, t = 2.532), supporting H7. Consequently, consumers exhibit a less favorable attitude towards OGS when perceiving it as risky.

However, a weak and non-significant effect from AW on PU was identified (ß = 0.054, t = 0.624), leading to the rejection of H8. In summary, this study validates hypotheses 1 and 3 to 7 at a significance level of 1 %, while hypotheses 2 and 5 are confirmed at a significance level of 10 %. Hypothesis 8, however, is rejected.

Figure 2 shows R^2 values of 0.672 for perceived usage, 0.654 for attitude, 0.539 for behavioral intention, and 0.120 for perceived risk. To contextualize these results, similar studies, such as Driediger & Bhatiasevi (2019) in Thailand and Roh & Park (2019) in South Korea, reported R^2 values ranging from 0.430

to 0.630 for perceived usage and behavioral intention. Another study by Yeo et al. (2017) in Malaysia, incorporating TAM elements, obtained R^2 values ranging from 0.484 to 0.592.

In this study, trust, awareness, and perceived ease of use contribute to explaining nearly 67 % of the variance in perceived usage ($R^2 = 0.672$), while perceived risk, perceived usage, and perceived ease of use account for 71 % of the variance in attitude ($R^2 = 0.714$). Moreover, attitude explains almost 54 % of the variance in behavioral intention ($R^2 = 0.537$). Lastly, 3 % of the variance perceived risk can be explained by trust ($R^2 = 0.323$) in. These results are deemed satisfactory when compared to values from similar studies.

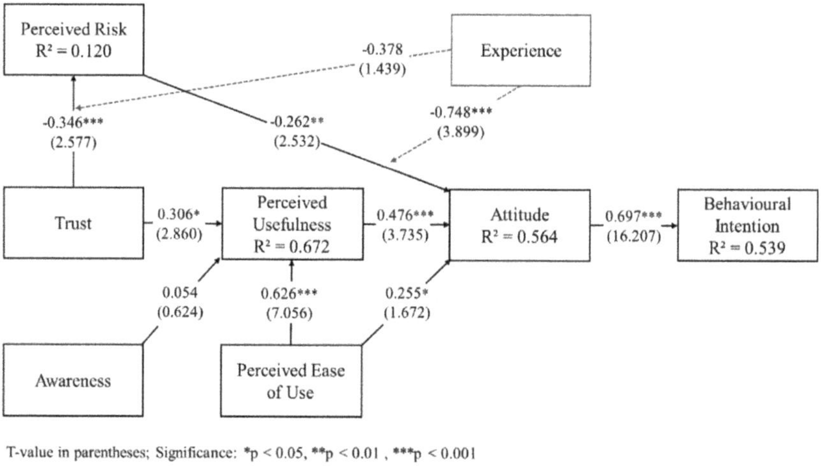

Figure 2. Graphical Results of PLS-SEM

6.6.3 Moderation Analysis

After confirming hypotheses 1–7, the moderating effect of experience level (experienced or inexperienced) on perceived risk (hypotheses 9a and 9b) is examined through moderation analysis. The experience level with OGS (EXP) is coded as 1 for experienced (Group 1) and 0 for inexperienced (Group 2). The analysis explores EXP's impact on the relationship between perceived risk and attitude, with the findings detailed in the table below:

Table 8. Tabular results of Moderation Analysis

Hypothesis	Relationship	ß-value	p-value	t-value	f^2	Conclusion
9b	EXP x TR -> PR	-0,378	0,136	1,439	0,040	Rejected
9a	EXP x PR -> AT	-0,748	0,000	3,899	0,276	Supported

The test for the moderating effects of experience on the relationship between trust and perceived risk indicates a slight negative influence (ß = 0.378), deemed not significant with a t-value of 1.439 and an f^2-value of 0.04. In contrast, a moderate-strength negative moderating effect (ß = 0.748) is observed in the relationship between perceived risk and attitude towards OGS, with a significant t-value of 3.899 at the 1 % level. This suggests that consumers with OGS experience are less influenced by perceived risks in forming their attitude toward the service compared to those without prior experience.

6.7 Discussion

This study aims to explore factors influencing the relatively low adoption of OGS among Gen X in Germany. The goal is to enhance understanding of consumer behavior and derive actionable recommendations for retailers to boost OGS adoption within this specific generational cohort. The study introduces an extended TAM to capture the complex interconnections among its core factors, building on existing literature.

Concerning factors influencing the consumer's intention towards OGS usage, survey findings indicate variations in perceived usefulness between Group 1 (OGS-experienced consumers) and Group 2 (OGS-inexperienced consumers). Those with experience emphasize the time-saving benefit, a frequently mentioned advantage in the literature. However, both subgroups recognize the benefits of OGS in terms of relieving physical exertion, especially with heavy and bulky products, and providing flexibility in time and location. This aligns with previous research by Rohleder (2021) and Berg & Henriksson (2020). Additionally, both groups agree on OGS being a facilitator, particularly for older individuals, consistent with findings from studies involving people aged 60 and older by Kvalsvik (2022) and Bezirgani & Lachapelle (2021).

The study underscores a robust positive impact of perceived ease of use on perceived usefulness, surpassing the influence of trust on perceived usefulness. This implies that consumers finding OGS easy and manageable perceive it as more useful. Although the perceived ease of use is rated as moderate, the participants believe it is easier to buy groceries offline. Perceived ease of use not only positively influences perceived usefulness but also significantly shapes attitude towards OGS. Moreover, the influence of perceived usefulness on attitude is the strongest. Consequently, consumers who find OGS easy to use are more likely to have a positive attitude towards the service. The study aligns with research emphasizing the prominence of perceived ease of use in shaping attitude, although some studies report conflicting findings. A positive correlation between attitude and behavioral intention is evident, indicating that consumers with a positive attitude toward OGS are more inclined to use it. However, respondents generally view OGS as a complement to traditional shopping rather than a substitute.

Trust in OGS enhances its perceived usefulness, concurrently reducing perceived risk. This aligns with previous research, highlighting trust's role in increasing perceived usefulness and alleviating perceived risk. The study emphasizes the significant impact of trust on both factors. Perceived risk negatively influences attitude, suggesting that consumers perceiving higher risks associated with OGS are less likely to have a positive attitude. This corroborates findings from various studies emphasizing the adverse impact of perceived risk on attitude within the OGS context. Contrary to some prior research, the study reveals only a weak and non-significant correlation between awareness and perceived usefulness. This implies that awareness alone may not substantially impact perceived usefulness, indicating that other factors play a more crucial role in consumers' OGS adoption decisions.

The moderation analysis indicates that experience weakens the impact of perceived risk on attitude towards OGS. Consumers with OGS experience are less influenced by perceived risk when forming their attitude toward the service. While a direct comparison with previous studies is challenging due to different methodologies, both this study and Herrero Crespo et al. (2009) highlight the moderating effect of experience on the perceived risk-attitude connection.

Examining perceived risk components, differences emerge between experienced and inexperienced consumers. Experienced consumers consider product risk a common concern, while inexperienced consumers perceive higher risk with problematic products. Additionally, the experienced group is more sensitive about private data, whereas the inexperienced group is more concerned about financial risks, with both groups having fewer concerns about delivery. These findings differ from Moshref Javadi et al. (2012), suggesting that product risk is more prominent in OGS compared to general e-commerce. This may be related to the unique selection process for perishable items. In contrast, less complex products show a more consistent risk perception across different e-commerce contexts. Finally, the assumption that experience plays a moderating effect on the relationship between trust and perceived risk is challenged by the results of this study. Similarly, the findings of Mortimer *et al.* (2016) show no significant difference in the relationships between trust and perceived risk in frequent and infrequent OGS users, suggesting that there is no moderating effect.

6.8 Conclusion

This study aims to understand the factors contributing to the limited adoption of OGS by Gen X in Germany and formulate strategies for increased adoption. The objectives include identifying key adoption factors, comparing risk perceptions between OGS users and non-users, and deriving actionable measures for OGS providers. The study employs a deductive quantitative approach, extending the TAM with external factors like trust, perceived risk, and awareness. The survey, conducted from July 1st to July 31st, 2023, gathered 297 valid responses for analysis through descriptive statistics and PLS-SEM.

This study provides valuable insights into OGS adoption among Gen X in Germany, emphasizing the roles of perceived ease of use, perceived usefulness, trust, and perceived risk in shaping attitudes and intentions. Notably, awareness did not significantly impact the adoption context. Additionally, experience was found to mitigate risks and influence attitude formation. Addressing the second research problem, differences in risk perception between consumers with and without OGS experience were found to be evident. Experienced consumers were most concerned about product risk, while inexperienced consumers expressed heightened worries about problematic products, data security, and financial risks. Both groups, however, showed minimal concern regarding delivery risks. These findings underscore two key aspects: the impact of consumer experience on risk perception in OGS, with experienced consumers exhibiting lower overall perceived risk and less concern about problematic products. Furthermore, identified differences in risk types between OGS and general e-commerce highlight OGS's unique nature, where product risk is pronounced, unlike general e-commerce studies that often emphasize delivery risk (Moshref Javadi et al., 2012).

In addressing the third research objective, the derivation of recommendations for action for OGS providers, several key suggestions emerge. The total sample sees OGS as a supplement to regular grocery shopping, emphasizing the potential impact of attracting new customers. Focusing on increasing OGS attractiveness for non-users could be a strategic approach.

Given the heightened awareness of product risk, particularly among inexperienced consumers, measures should be implemented to minimize these concerns. Retailers should prioritize product quality, proper packaging, and establish a customer-oriented compensation and replacement policy to address any defective or damaged deliveries. Incorporating these measures into advertising and online presence, along with implementing a customer rating system, can enhance trust, ultimately reducing perceived risk.

The study reveals that both experienced and inexperienced OGS consumers see value in using the service for heavy and bulky products alongside regular grocery shopping. Encouraging consumers to buy these items online can reduce perceived product risk. Positive experiences with non-problematic products contribute to building trust, moderating the effect for experienced consumers, and facilitating the transition for inexperienced consumers. This positive spillover effect can further decrease the perceived risk of purchasing other products online.

Finally, perceived ease of use and perceived benefit are crucial for the behavioral intention to use OGS. Simplifying the purchase process through human-centered design can enhance the consumer experience and foster adoption.

6.9 Limitations and Further Research

While this study confirms the validity of the initial TAM, there are limitations to consider. The research model explains only 53.9 % of behavioral intentions, leaving room for further exploration. Although trust and perceived ease of use explain 67 % of perceived usefulness, future research should explore additional variables.

The study's focus on the to-home delivery approach presents a limitation. Considering differences in risk perception, especially between experienced and inexperienced OGS consumers, the to-shop delivery approach warrants investigation. It raises questions about Gen X's likelihood of adoption and whether the perceived high product risk in the to-home approach differs in the to-shop's self-pick-up, allowing immediate product checking.

This study employed a convenience sample, and the sample's representation of Gen X is not comprehensive, limiting generalizability. The majority of participants were 43 to 47 years old and female, potentially impacting the study's applicability. Additionally, local restrictions on OGS use were not considered, affecting the study's relevance to cities of different sizes. Despite these limitations, the study contributes valuable insights into OGS research focused on older consumers and suggests avenues for future research.

References

Adams, J., Khan, H. T. A., Reaside, R., & White, D. (2007). *Research Methods for Graduate Business and Social Science Students*. New Delhi, Sage.

Ali, I., Azman, A., Mallick, S., Sultana, T., & Hatta, Z. A. (2022). Social Survey Method. *Principles of Social Research Methodology*, 167–179. https://doi.org/10.1007/978-981-19-5441-2.

Alshammari, S. H., & Rosli, M. S. (2020). A Review of Technology Acceptance Models and Theories. *A Review of Technology Acceptance Models and Theories. Innovative Teaching and Learning Journal*, 4(2), 12–22.

Al-Somali, S. A., Gholami, R., & Clegg, B. (2009). An investigation into the acceptance of online banking in Saudi Arabia. *Technovation*, 29(2), 130–141.

Alzubi, M., Aldubai, M., Ferea, M. M. (2018). Using the technology acceptance model in understanding citizens' behavioural intention to use m-marketing among Jordanian citizen. Journal of Business & Retail Management Research, 12(2), 224-231

Amirtha, R., Sivakumar, V. J., & Hwang, Y. (2020). Influence of Perceived Risk Dimensions on e-Shopping Behavioural Intention among Women—A Family Life Cycle Stage Perspective. *Journal of Theoretical and Applied Electronic Commerce Research*, 16(3), 320–355.

ARD/ZDF. (2023). Nutzung von Social-Media-Plattformen 2019 bis 2022 – mindestens einmal wöchentlich genutzt in Prozent. *ARD/ZDF-Onlinestudien 2019 bis 2022*, https://www.ard-zdf-onlinestudie.de/tabellen-online nutzung/social-media-und-messenger/social-media/

Ariffin, K. S., Mohan, T., & Goh, Y.-N. (2018). Influence of consumers' perceived risk on consumers' online purchase intention. *Journal of Research in Interactive Marketing*, 12(3), 309–327.

Arslan, Y., & Turan, A. H. (2022). Consumers' Acceptance of Online Grocery Shopping in a Pandemic Situation: An Extended Technology Acceptance Model Perspective. *European Journal of Business Science and Technology*, 8(2), 143–158.

Ashraf, A. R., Thongpapanl, N., & Auh, S. (2014). The Application of the Technology Acceptance Model Under Different Cultural Contexts: The Case of Online Shopping Adoption. *Journal of International Marketing*, 22(3), 68–93.

Avkiran, N. K. (2018). *Rise of the Partial Least Squares Structural Equation Modeling: An Application in Banking*, 1–29.

Bauerová, R. (2021). Online Grocery Shopping is a Privilege of Millennial Customers. Still Truth in Covid-19 Pandemic? *Acta Academica Karviniensia*, 21(1), 15–28.

Bauerová, R., & Klepek, M. (2018). Technology acceptance as a determinant of online grocery shopping adoption. *Acta Universitatis Agriculturae et Silviculturae Mendelianae Brunensis*, Mendel University of Agriculture and Forestry Brno, 66(3), 737–746.

Benitez, J., Henseler, J., Castillo, A., & Schuberth, F. (2020). How to perform and report an impactful analysis using partial least squares: Guidelines for confirmatory and explanatory IS research. *Information & Management*, 57(2), 1–16.

Berg, J., & Henriksson, M. (2020). In search of the 'good life': Understanding online grocery shopping and everyday mobility as social practices. *Journal of Transport Geography*, Elsevier Ltd, 83, 48–54.

Bezirgani, A., & Lachapelle, U. (2021). Online grocery shopping for the elderly in Quebec, Canada: The role of mobility impediments and past online shopping experience. *Travel Behaviour and Society*, 25, 133–143.

Blitstein, J.L., Frentz, F., & Jilcott Pitts, S. B. (2020). A Mixed-method Examination of Reported Benefits of Online Grocery Shopping in the United States and Germany: Is Health a Factor? *Journal of Food Products Marketing*, Routledge, 26(3), 212–224.

Brahim, A., Astuti, R., Ikhsan, R. B., Fernando, E., & Yuniarty, Y. (2023). Intention to Move to E-Grocery Shopping Channels With Gender As Mediator. *Institute of Electrical and Electronics Engineers (IEEE)*, 1–6.

Brand, C., Schwanen, T., & Anable, J. (2020). 'Online Omnivores' or 'Willing but struggling'? Identifying online grocery shopping behavior segments using attitude theory. *Journal of Retailing and Consumer Services*, Elsevier Ltd, 57, 1–18.

Chen, C.-C., Hsiao, K.-L., & Hsieh, C.-H. (2019). Understanding usage transfer behavior of two way O2O services. *Computers in Human Behavior*, 100, 184–191.

Chien, A.-W., Kurnia, S., & von Westarp, F. (2003). *The Acceptance of Online Grocery Shopping*, BLED 2003 Proceedings 52, 219–233.

Davis, F. D. (1986). *A Technology Acceptance Model for Empirically Testing New End-User Information Systems: Theory and Results*, Massachusetts Institute of Technology, Massachusetts.

Davis, F. D., Bagozzi, R. P., & Warshaw, P. R. (1989). User Acceptance of Computer Technology: A Comparison of Two Theoretical Models. *Management Science*, 35(8), 982–1003.

Denis, D. J. (2021). *Applied Univariate, Bivariate, and Multivariate Statistics – Understanding Statistics for Social and Natural Scientists, With Applications in SPSS and R*, 2nd ed. Wiley.

Dimock, M. (2019). Defining generations: Where Millennials end and Generation Z begins. *Pew Research Center,* 17(1), 1-7.

Doolin, B., Dillon, S., Thompson, F., & Corner, J. L. (2005). Perceived risk, the internet shopping experience and online purchasing behavior: A New Zealand perspective. *Journal of Global Information Management*, IGI Publishing, 13(2), 66–88.

Driediger, F., & Bhatiasevi, V. (2019). Online grocery shopping in Thailand: Consumer acceptance and usage behavior. *Journal of Retailing and Consumer Services*, Elsevier Ltd, 48, 224–237.

Van Droogenbroeck, E., & Van Hove, L. (2021). Adoption and usage of E-grocery shopping: A context-specific UTAUT2 model. *Sustainability (Switzerland)*, MDPI AG, 13(8), 1–27.

Dubey, U., K., B., & Kothari, D. P. (2022). *Research Methodology; Techniques and Trends*. CRC Press.

Dynata. (2023). *Drawbacks of E-Commerce among Global Consumers as of February 2022*. https://www.statista.com/statistics/1308184/online-shopping-drawbacks-worldwide/

Featherman, M. S., & Pavlou, P. A. (2003). Predicting e-services adoption: A perceived risk facets perspective. *International Journal of Human Computer Studies*, Academic Press, 59(4), 451–474.

Fedorko, I., Bacik, R., & Gavurova, B. (2018). Technology acceptance model in e-commerce segment. *Management and Marketing*, Sciendo, 13(4), 1242–1256.

Felderer, B., Sand, M., & Bruch, C. (2022). *Sample Size Calculation For Complex Sampling Designs*. Mannheim, Leibniz Institute for the Social Sciences.

Frentz, F. (2020). *The Pursuit of Food Well-Being: The Mechanisms Behind Consumers' Food Well-Being, and Their Relevance for Food Retailing and Marketing*. Springer.

GfK (2020). *Generationen 2020 im internationalen Vergleich – GfK Consumer Index.*

Gruntkowski, L. M., & Martinez, L. F. (2022). Online Grocery Shopping in Germany: Assessing the Impact of COVID-19. *Journal of Theoretical and Applied Electronic Commerce Research*, MDPI, 17(3), 984–1002.

Guenther, P., Guenther, M., Ringle, C. M., Zaefarian, G., & Cartwright, S. (2023). Improving PLS-SEM use for business marketing research. *Industrial Marketing Management*, 111, 127–142.

Ha, S. and Stoel, L. (2009), "Consumer e-shopping acceptance: Antecedents in a technology acceptance model", *Journal of Business Research*, 62(5), 565–571.

Hair, J. F., Risher, J. J., Sarstedt, M., & Ringle, C. M. (2019). When to use and how to report the results of PLS-SEM. *European Business Review*, 31(1), 2–24.

Hair, J. F. Jr., Hult, G. T. M., Ringle, C. M., & Sarstedt, M. (2022). *A Primer on Partial Least Squares Structural Equation Modeling (PLS-SEM)*, 3rd ed. Sage.

Hair, J. F.Jr., Hult, G. T. M., Ringle, C. M., Sarstedt, M., Danks, N. P., & Ray, S. (2021). *Partial Least Squares Structural Equation Modeling (PLS-SEM) Using R*. Springer.

Hand, C., Dall'Olmo Riley, F., Harris, P., Singh, J., & Rettie, R. (2009). Online grocery shopping: the influence of situational factors. *European Journal of Marketing*, 43(9/10), 1205–1219.

Harris, P., Dall'Olmo Riley, F., Riley, D., & Hand, C. (2017). Online and store patronage: a typology of grocery shoppers. *International Journal of Retail & Distribution Management*, 45(4), 419–445.

Haryanti, T., & Subriadi, A. P. (2020). Factors and theories for E-commerce adoption: A literature review. *International Journal of Electronic Commerce Studies*, Academy of Taiwan Information Systems Research, 11(2), 87–105.

Henseler, J., & Fassott, G. (2010). Testing Moderating Effects in PLS Path Models: An Illustration of Available Procedures. In Esposito Vinzi, V., Chin, W. W., & Wang, H. (Eds.), *Handbook of Partial Least Squares*. Springer, 713–735.

Henseler, J., Hubona, G., & Pay, P. A. (2017). Partial Least Squares Path Modeling: Updated Guidelines, in Latan, H., & Noonan, R. (Eds.), *Partial Least Squares Path Modeling: Basic Concepts, Methodological Issues and Applications*. Springer, 19-39.

Herrando, C., Jimenez-Martinez, J., & Martin-De Hoyos, M. J. (2019). Tell me your age and I tell you what you trust: the moderating effect of generations. *Internet Research*, 29(4), 799–817.

Herrero Crespo, Á., Rodríguez del Bosque, I., & Garcíade los Salmones Sánchez, M. M. (2009). The influence of perceived risk on Internet shopping behavior: a multidimensional perspective. *Journal of Risk Research*, 12(2), 259–277.

Hui, T., & Wan, D. (2009). Who are the online grocers?. *Service Industries Journal*, 29(11), 1479–1489.

Islam, M. R., Khan, N. A., & Rajendra, B. (2022), *Principles of Social Research Methodology*. Springer.

Janssens, W., Wijnen, K., De Pelsmacker, P., & Van Kenhove, P. (2008), *Marketing Research with SPSS*. Prentice Hall/Financial Times.

Kang, J. W., & Namkung, Y. (2019). The information quality and source credibility matter in customers' evaluation toward food O2O commerce. *International Journal of Hospitality Management*, Elsevier Ltd, 78, 189–198.

Kau, K. A., Tang, Y. E., & Ghose, S. (2003). Typology of online shoppers. *Journal of Consumer Marketing*, 20(2), 139–156.

Kim, H., & Song, J. (2010). The quality of word-of-mouth in the online shopping mall. *Journal of Research in Interactive Marketing*, 4(4), 376–390.

Klarna Insights (2023). Welcome to Klarna's Shopping Pulse!. https://insights.klarna.com/shopping-pulse/

Kvalsvik, F. (2022). Understanding the role of situational factors on online grocery shopping among older adults. *Journal of Retailing and Consumer Services*, Elsevier Ltd, 68, 1–7.

Lai, P. (2017). The Literature Review of Technology Adoption Models and Theories for Novelty Technology, *Journal of Information Systems and Technology Management*, 14(1), 21–38.

Lee, S., & Yoon, C. (2022). Factors of the Adoption of O2O Service Platforms: Evidence from Small Businesses in Korea. *Sustainability (Switzerland)*, MDPI, 14(23), 1–18.

Lee, S. W., Sung, H. J., & Jeon, H. M. (2019). Determinants of continuous intention on food delivery apps: Extending UTAUT2 with information quality, *Sustainability (Switzerland)*, MDPI, 11(11), 1–15.

Lesakova, D. (2016). Seniors and Their Food Shopping Behavior: An Empirical Analysis. *Procedia - Social and Behavioral Sciences*, 220, 243–250.

Li, Y. and Huang, J. (2009). Applying Theory of Perceived Risk and Technology Acceptance Model in the Online Shopping Channel. *International Journal of Economics and Management Engineering*, 3(5), 505–511.

Lissitsa, S., & Kol, O. (2019). Four generational cohorts and hedonic m-shopping: association between personality traits and purchase intention, *Electronic Commerce Research*, 21(2), 545–570.

Loketkrawee, P., & Bhatiasevi, V. (2018). Elucidating the Behavior of Consumers toward Online Grocery Shopping: The Role of Shopping Orientation. *Journal of Internet Commerce*, 17(4), 418–445.

Mander, J., & Kavanagh, D. (2019), *Gen X – Examining the Attitudes and Digital Behaviors of Internet Users Aged 37–55, Trendstream Limited.*

Marjanen, H., Kohijoki, A.-M., Saastamoinen, K., & Engblom, J. (2019). Old dogs learning new tricks? The effect of age and generation on shopping behaviour. *The International Review of Retail, Distribution and Consumer Research*, 29(5), 549–567.

McCusker, K., & Gunaydin, S. (2015). Research using qualitative, quantitative or mixed methods and choice based on the research. *Perfusion (United Kingdom)*, SAGE Publications Ltd, 30(7), 537–542.

Memon, M. A., Cheah, J., Ramayah, T., Ting, H., Chuah, F., & Cham, T. H. (2019). Moderation Analysis: Issues and Guidelines. *Journal of Applied Structural Equation Modeling*, 3(1), 2590–4221.

Meyers, L. S., Gamst, G., & Guarino, A. J. (2006), *Applied Multivariate Research – Design and Interpretation*. SAGE.

Mortimer, G., Fazal e Hasan, S., Andrews, L., & Martin, J. (2016). Online grocery shopping: the impact of shopping frequency on perceived risk. *The International Review of Retail, Distribution and Consumer Research*, 26(2), 202–223.

Moshref Javadi, M. H., Rezaie Dolatabadi, H., Nourbakhsh, M., Poursaeedi, A., & Asadollahi, A. (2012). An Analysis of Factors Affecting on Online Shopping Behavior of Consumers, *International Journal of Marketing Studies*, 4(5), 81–98.

Mutahar, A. M., Daud, N. M., Ramayah, T., Isaac, O., & Aldholay, A. H. (2018). The effect of awareness and perceived risk on the technology acceptance model (TAM): mobile banking in Yemen. *International Journal of Services and Standards*, 12(2), 180.

van Nes, F., Abma, T., Jonsson, H., & Deeg, D. (2010). Language differences in qualitative research: is meaning lost in translation? , *European Journal of Ageing*, 7(4), 313–316.

Nitzl, C., & Chin, W. W. (2017). The case of partial least squares (PLS) path modeling in managerial accounting research. *Journal of Management Control*, 28(2), 137–156.

Nusair, K., & Hua, N. (2010). Comparative assessment of structural equation modeling and multiple regression research methodologies: E-commerce context. *Tourism Management*, 31(3), 314–324.

Pallant, J. (2016), *SPSS Survival Manual: A Step By Step Guide to Data Analysis Using SPSS Program*. 6th ed., McGraw-Hill Education.

Park, E.S., & Park, M.S. (2020). Factors of the technology acceptance model for construction IT. *Applied Sciences*, MDPI AG, 10(22), 1–15.

Ponte, D., & Sergi, D. (2023). E-grocery delivery channels: acceptance of the click and collect solutions. *Technology Analysis and Strategic Management*. Routledge.

Rahman, M. M. and Sloan, T. (2017). User adoption of mobile commerce in Bangladesh: integrating perceived risk, perceived cost and personal awareness with TAM, The International Technology Management Review, 6(3), 103-124.

Ramachandran, K. K., Karthick, K. K., & Kumar, M. S. (2011). Online Shopping In The UK. *International Business & Economics Research Journal (IBER)*, 10(12), 23.

Ramus, K., & Nielsen, N. A. (2005). Online grocery retailing: What do consumers think? *Internet Research*, 15(3), 335–352.

Ratten, V. (2023). *Research Methodologies for Business Students*. Routledge.

Reichheld, F., & Schefter, P. (2000). E-Loyalty: Your Secret Weapon on the Web. *Harvard Business Review*, 78, 105–114.

Riantini, R. E., Vional, & Aries. (2018). Adoption of E-Commerce Online to Offline with Technology Acceptance Model (TAM) Approach. *2018 4th International Conference on Computer and Information Sciences: Revolutionising Digital Landscape for Sustainable Smart Society, ICCOINS 2018 – Proceedings*. Institute of Electrical and Electronics Engineers Inc. DOI:10.1109/ICCOINS.2018.8510613

Robinson, H., Dall'Olmo Riley, F., Rettie, R., & Rolls-Willson, G. (2007). The role of situational variables in online grocery shopping in the UK. *The Marketing Review*, 7(1), 89–106.

Roh, M., & Park, K. (2019). Adoption of O2O food delivery services in South Korea: The moderating role of moral obligation in meal preparation. *International Journal of Information Management*, 47, 262–273.

Rohleder, B. (2021). E-Commerce-Trends 2021. *Biktom Online-Pressekonferenz*.

Ruangkanjanases, A., Sirisrisakulchai, P., Sonata, N., & Simamora, B. H. (2021). Predicting Consumer Intention To Adopt Online Grocery Shopping: A Comparative Study Between Millennials In Thailand And Indonesia. *International Journal of Electronic Commerce Studies*, 12(2), 193.

Saliya, C. A. (2022). *Doing Social Research and Publishing Results – A Guide to Non-Native English Speakers*. Springer Nature.

Sallis, J. E., Gripsrud, G., Olsson, U. H., & Silkoset, R. (2021), *Research Methods and Data Analysis for Business Decisions – A Primer Using SPSS*. Springer.

Sarstedt, M., Hair, J. F., Pick, M., Liengaard, B. D., Radomir, L., & Ringle, C. M. (2022). Progress in partial least squares structural equation modeling use in marketing research in the last decade. *Psychology & Marketing*, 39(5), 1035–1064.

Saunders, M., Lewis, P., & Thornhill, A. (2019), *Research Methods for Business Students*. 8th ed., Pearson.

Schober, P., Boer, C., & Schwarte, L. A. (2018). Correlation Coefficients: Appropriate Use and Interpretation. *Anesthesia & Analgesia*, 126(5), 1763–1768.

Seitz, C., Pokrivčák, J., Tóth, M., & Plevný, M. (2017). Online grocery retailing in Germany: an explorative analysis. *Journal of Business Economics and Management.* 18(6), 1243–1263.

Sekaran, U., & Bougie, R. (2012). *Research Methods for Business – A Skill-Building Approach.* 7th ed., Wiley.

Shukla, A., & Sharma, S. K. (2018). Evaluating Consumers' Adoption of Mobile Technology for Grocery Shopping: An Application of Technology Acceptance Model. *Vision: The Journal of Business Perspective*, 22(2), 185–198.

Singh, P., Gupta, M., Kumar, A., Sikdar, P., & Sinha, N. (2021). E-Grocery Retailing Mobile Application: Discerning Determinants of Repatronage Intentions in an Emerging Economy. *International Journal of Human-Computer Interaction*, 37(19), 1783–1798.

Singh, R., & Söderlund, M. (2020). Extending the experience construct: an examination of online grocery shopping. *European Journal of Marketing*, 54(10), 2419–2446.

Statistisches Bundesamt (2022). *Private Haushalte in der Informationsgesellschaft – Nutzung von Informations- und Kommunikationstechnologien (Mikrozensus-Unterstichprobe zur Internetnutzung), 15(4). 20-27*Al

Sukkar, A., & Hasan, H. (2005). Toward a model for the acceptance of internet banking in developing countries. *Information Technology for Development*, 11(4), 381–398.

Taherdoost, H. (2018). A review of technology acceptance and adoption models and theories. *Procedia Manufacturing*, 22, 960–967.

Tyrväinen, O., & Karjaluoto, H. (2022). Online grocery shopping before and during the COVID-19 pandemic: A meta-analytical review. *Telematics and Informatics*, 71, 1–13.

Vasudevan, A., Ping, T. P., & Wider, W. (2022). Online Grocery Shopping Behavior among Consumers in Singapore. *International Journal of Management and Sustainability*, 11(1), 58–69.

Venkatesh, V., Morris, M. G., Davis, G. & Davis F. D. (2003). User Acceptance of Information Technology: Toward a Unified View. MIS Quarterly, 27(3), 425–478.

Wang, O., & Scrimgeour, F. (2022). Consumer adoption of online-to-offline food delivery services in China and New Zealand. *British Food Journal*, 124(5), 1590–1608.

Wasserstein, R. L., & Lazar, N. A. (2016). The ASA Statement on *p* -Values: Context, Process, and Purpose. *The American Statistician*, 70(2), 129–133.

Yang, Y., Gong, Y., Land, L. P. W., & Chesney, T. (2020). Understanding the effects of physical experience and information integration on consumer use of online to offline commerce. *International Journal of Information Management*, 51, 1–18.

Yao, P., Osman, S., Sabri, M.F. & Zainudin, N. (2022), "Consumer Behavior in Online-to-Offline (O2O) Commerce: A Thematic Review", *Sustainability (Switzerland)*, MDPI, 1–24.

Yeo, V. C. S., Goh, S. K., & Rezaei, S. (2017). Consumer experiences, attitude and behavioral intention toward online food delivery (OFD) services. *Journal of Retailing and Consumer Services*, 35, 150–162.

Zavialova, S. (2022). *ECommerce – Market Data Analysis & Forecast*. Retrieved from Statista database.

Zhu, D., O'Neal, G., & Chen, Y. (2011). Journal of Internet Banking and Commerce Mr. Risk! Please Trust Me: Website Acceptance of E-vendor Website in Taiwan. *Journal of Internet Banking and Commerce*, 16(2), 2–24.

Zhu, Y., Wei, Y., Zhou, Z., & Jiang, H. (2022). Consumers' Continuous Use Intention of O2O E-Commerce Platform on Community: A Value Co-Creation Perspective. *Sustainability (Switzerland)*, MDPI, 14(3), 1–12.

Kristijan Podbevsek[1]

7. OSCE Arms Control Implementation and Institutional Memory

Abstract: The Organization for Security and Co-operation in Europe (OSCE) and its participating states have reached consensus on a wide range of conventional arms control treaties and Confidence- and Security-Building Measures (CSBMs) to enhance transparency and build trust among them in their effort to ensure stability in the OSCE region. However, implementing this complex network of measures requires significant resources and highly specialized staff at the national Verification Centres. As the recent geopolitical tensions in Europe shift focus away from arms control and CSBMs, the OSCE is using innovation and technology to preserve decades of knowledge and experience in implementing arms control and CSBMs. The article examines the challenges faced by the OSCE participating states in implementing these agreed measures and explore efforts to safeguard institutional memory for future generations of implementers.

Keywords: military information exchange, institutional memory, information management, transparency

7.1 Introduction

The participating states of the Organization for Security and Co-operation in Europe (OSCE) managed to agree on key conventional arms control treaties and agreements, including several Confidence- and Security-Building Measures (CSBMs), that are aimed at increasing transparency and predictability that lead to confidence between states and strengthened security in the OSCE region. States, requiring a great deal of resources to implement this complex network of measures and provisions, maintain national Verification Centres that are responsible for implementation of these commitments.

The key elements found in the existing agreements include complex military information exchange, on-site verification and risk reduction measures, all demanding a highly trained and experienced staff to process and implement.

---

1 Kristijan Podbevsek, BA, is Politico-Military Project Officer at the OSCE Conflict Prevention Centre. He is leading multi-national projects and supports the OSCE participating states in implementation, monitoring and negotiation of Arms Control, Disarmament and WMD Non-proliferation agreements and Confidence- and Security-Building Measures (CSBMs). Email: kristijan.podbevsek@osce.org

As states are looking for other ways to deal with the tense geo-political situation in Europe, arms control and CSBMs are placed second, putting the accumulated knowledge and experience of their implementers at risk of fading away.

To preserve over 30 years of arms control and CSBMs implementing experience, the OSCE is leveraging innovation and technology in its effort to help the participating states retain the institutional memory that may prove essential in any future deliberations on rebuilding the European security architecture. This paper will analyze how states are coping with the complexity of implementing the agreed arms control regimes and CSBMs and how they could prepare to address potential loss of institutional memory in the future. It will investigate the intricacies and shortcomings of implementation and explore some developments that are aimed to preserve the know-how for the future generations.

7.2 OSCE, Arms Control and CSBMs

The OSCE, the world's largest regional security organization, adopts the concept of a comprehensive and cooperative security comprising the politico-military, economic and environmental, and human dimensions. With 57 participating states in North America, Europe and Asia, the OSCE remains focused on strengthening security, stability, and co-operation for over one billion people in its region, stretching from Vancouver to Vladivostok. Upholding core values such as democracy, human rights, and the rule of law, the OSCE with its decision-making bodies and executive structures operates within a given mandate, supporting its participating states (OSCE, 2024d).

The organization's predecessor, the Conference for Security and Co-operation (CSCE) that was established in the early 1970's during the Cold War era, served as a platform for dialogue where states discussed the pressing security challenges in Europe, considering ways to mitigate risks of escalation and direct conflict between the East and the West. The dramatic changes in the European geo-political situation in the early 1990's led states to agree on key joint decisions that paved the way toward adoption of an elaborate network of treaties, agreements and mechanisms aimed at increasing transparency, building trust and strengthen security in the OSCE region (OSCE, 2024c).

The Paris Summit in 1990 provided the foundation for the CSCE to become an organization and at the Budapest Summit in 1994, to finally change its name into the OSCE. Along with the name change, the participating states also agreed on several arms control treaties and agreements during the 1990's. Among them, the Treaty on Conventional Armed Forces in Europe (CFE), the Open Skies Treaty (OST) and the Vienna Document (VD11) on CSBMs that subsequently saw several updates, the latest in 2011. Apart from these three pillars of arms control, as many in the arms control business call them, the OSCE participating states committed to several other CSBMs that further strengthened the organizations' commitment to cooperative security, such as the OSCE Code of Conduct on Politico-Military Aspects of Security (CoC), Global Exchange of Military Information (GEMI), the OSCE Document on Small Arms and Light Weapons (SALW) and the OSCE Document on Stockpiles of Conventional Ammunition (SCA). At the Lisbon Summit in 1996, the OSCE participating states adopted another key document; the Framework for Arms Control recognized arms control, disarmament and CSBMs as integral to the OSCE's comprehensive and co-operative concept of security and explained the correlation between the key treaties and agreements (OSCE, 2021).

Worth mentioning is also the Sub-Regional Arms Control Agreement Article IV, Annex 1-B of the General Framework Agreement for Peace in Bosnia and Herzegovina (Dayton Article IV) that was signed in 1996 in Florence in the scope of the Dayton Peace Accords. It represents a set of disarmament, information exchange and verification measures that closely resemble the ones of the CFE, but are limited to four states parties in the Western Balkans, namely Bosnia and Herzegovina, Croatia, Montenegro and Serbia (OSCE, 2024a).

It is evident that through the years, the OSCE participating states managed to adopt an impressive number of agreements, building confidence among each other and significantly strengthening security in the Euro-Atlantic region. Most measures that are aimed at increasing transparency and predictability include elements such as military information exchange, on-site verification, risk reduction measures, clarification and consultations as well as military-to-military contacts. Each of these elements consists of a set of processes that need to unfold as per the respective agreement and products that the states are required to deliver in order to be compliant with their international commitments.

For example, the VD11 in its Chapter I states that
"The participating States will exchange annually information on their military forces concerning the military organization, manpower and major weapon and equipment systems, as specified below, in the zone of application for confidence- and security-building measures (CSBMs)", as well as that "the participating States will exchange data relating to their major weapon and equipment systems as specified in the provisions on Information on Military Forces within the zone of application for CSBMs" (OSCE, 2011a).

This information is provided by states (that maintain armed forces) during the Annual Exchange of Military Information (AEMI) taking place not later than 15 December each year. While these provisions from the VD11 represent only a small portion of obligations voluntarily laid upon a state, they require a significant effort to fulfil (OSCE, 2011a).

7.3 Complexity of Military Data Exchange

To secure the resources needed to implement their international arms control and CSBM obligations, such as the abovementioned AEMI stemming from the VD11, most OSCE participating states maintain so-called Verification Centres, units within their Ministries of Defense (depending on the structure of their armed forces), that are responsible for coordination and implementation of international commitments related to arms control, disarmament and CSBMs. These Verification Centres maintain a highly skilled work force that often requires years of training to achieve the level of confidence vital for preparing the products and services delivered in the scope of implementation of the VD11 provisions. The Heads of Verification Centres often convene in Vienna to exchange views and discuss ways to improve the implementation (Lüber, 2017).

Before submitting the VD11 AEMI to all other OSCE participating states, the data is compiled and cleared at the national level. Not only is it challenging to translate states' own force structure and holdings of Major Weapon and Equipment Systems (MWES) into an official AEMI submission as prescribed in the VD11, but states also need to deliver this product in a specific, agreed format. Taking care that the exchanged data complies with relevant provisions of the VD11 (or CFE, GEMI, Dayton Article IV in other cases) while not revealing or providing more military information than intended, the implementers need to operate in a dedicated environment, a specialized software application called Automated Data System (ADS) or its national counterpart equivalent, that structures and presents this data in an agreed format acceptable to all other participating states (OSCE, 2011a).

Preparation of the states' annual submissions of military information in ADS demands high level of technical expertise. Staff working on the preparation of AEMI usually goes through several internal and external trainings, such as the S5–64 Conventional Arms Control Information Exchange Course at the NATO School in Oberammergau (NATO School, 2024).

The process of compiling, preparing and exchanging the AEMI is therefore far from simple and requires highly trained individuals. While VD11 AEMI presents a foundation for consequent verification activities, such as those falling under the VD11 Inspections and Evaluations stemming from the document's Chapter IX, it represents only a small part of data traffic constantly exchanged between the states. There are more than 50 different notification formats, facilitating verification missions, observation of military activity and other risk reduction measures agreed in the VD11 alone (OSCE, 2000). While most of the provisions in the VD11 require a significant effort to prepare, most OSCE participating states also partake in the implementation of other agreements that demand a similar if not greater effort. Given the complexity of implementing these international commitments, it is not uncommon that the rotation of military staff in the national Verification Centres occurs less frequently than in other units, with the aim to preserve the unit's knowledge and experience for longer periods of time.

Besides operating dedicated software applications to compile the data, verification staff also needs to master the official communication of their submissions to other states. This is done by using the closed and secured OSCE Communications Network (OSCE, 2022).

The OSCE Communications Network connects the participating states in a secure way, allowing them to transfer restricted military information among them. The use of the OSCE Communications Network is governed by the Communications Group, a working group of the Forum for Security Co-operation, one of the two decision making bodies at the OSCE (the other being the Permanent Council). The Communications Group is chaired by the Chief of the Communications and Technology Unit within the Conflict Prevention Centre (CPC). As the Forum for Security Co-operation decision 5/99 defines its purpose

> The OSCE Communications Network is a computer-based system which provides direct communication links between participating states' capitals for the transmission of messages relating to, inter alia, provisions contained in the Vienna Document, the CFE Treaty and the Open Skies Treaty. The Network supports the preparation, transmission and receipt of treaty and agreement notifications (OSCE, 1999).

The document also defines oversight, use, security and management of the OSCE Communications Network that is managed by the OSCE CPC in Vienna, and actively used by national representatives over their End User Stations in the capitals and Vienna based representations to the OSCE. Currently, the OSCE Communications Network supports implementation of several arms control treaties and CSBMs, namely the CFE, OST, Dayton Article IV, GEMI, Black Sea CSBMs and the VD11. In addition, the network supports direct secure communication between the national focal points on Cyber issues (NATO, 2024).

7.4 Transparency, Confidence-Building and Risk Reduction

Training the national verification staff to become proficient in compiling the military data, exchanging it at an international level using dedicated formats, software and means for communication supports only a part of the wider confidence and security building effort of the OSCE participating states. In addition, these implementers also require skills and experience in conducting on-site verification missions (under VD11, Dayton Article IV and CFE), flying over territories of other states, capturing high resolution imagery with dedicated cameras and sensors approved by other states (under OST) and other complex arms control related activities (Arms Control Association, 2024). Generally speaking, arms control and verification activities, including CSBMs, among other work toward greater transparency. Transparency and insight into other states' affairs, especially military, increases predictability that in turn builds the confidence between states, but also in their own security arrangements (OSCE, 2024b). With increased transparency, predictability and confidence, the risk of confrontation and direct conflict is reduced. However, this clear trajectory toward peace is not as straight forward as it seems and other geo-political developments have great effect on it.

In practice, the challenge of training and educating verification staff to reach adequate operational levels is of course not the only obstacle standing in the way of the participating states and their peacebuilding processes. When the states negotiated the treaties and agreements such as the VD11, they considered what level of detail will be included in the annual information exchanges. Looking at the aforementioned AEMI to which all 57 OSCE participating states agreed in the VD11, it is evident that states are required to report on their military units, peace-time locations, personnel and major weapon and equipment systems holdings only "down to and including brigade/regiment or equivalent level", as stated in Chapter I of the VD11 (OSCE, 2011a). Setting the limit at the formation level that is still considered militarily significant and at the same time avoid overcomplicating the data with individual units and formations that pose no threat or value for verification purposes made sense. However, the fact that not all units and formations are within the scope of reporting under the VD11 also narrowed the insight into state's existing forces, even if by a margin insignificant for assessing a state's overall posture.

Next narrowing of this insight window comes at the point when states, either due to technical or political reasons, do not observe their international commitments and fail to submit their military data on time or do not send it altogether. This means that the potential transparency measure that is aimed at reassuring other states, loses its impact and confidence-building momentum even further. As with all information exchanges in the politico-military sphere, there are implementation issues and military data is not always shared as foreseen by these agreements. In 1991, the United Nations General Assembly established the United Nations Register of Conventional Arms (UNROCA), a universal and non-discriminatory register to which nations were invited to annually report on their imports and exports of conventional arms. UNROCA has reportedly performed worse than the majority of other information exchange initiatives to raise transparency, both in terms of reaching its targets and of capacity for self-reform and adaptation (Wezeman, 2003). If we take a closer look at the submission levels to the UNROCA, it is clear that a large number of states do not deliver their information on imports and exports of different categories of conventional arms every year (UNODA, 2024).

While UNROCA operates on a voluntary basis and some of these gaps are understandable, compliance with information exchange remains a known risk in arms control agreements and CSBMs. For example, some states do not exchange data under the VD11 or exchange it sporadically, but all states receive the exchanged information and benefit from it (Prezelj & Harangozo, 2018).

To ensure fair and mutually beneficial implementation it is important to identify shortcomings through monitoring that can support arms control or CSBM regime's periodic assessment and review, targeted capacity building, international technical support, political outreach and other activities aimed at closing these gaps. Monitoring is also key in collecting trends in implementation that the future implementers could analyze in relation to other political developments, drawing conclusions that could support negotiations and implementation of the future regimes. The OSCE Secretariat's CPC monitors the implementation of CSBMs and prepares regular monthly, quarterly and annual trend reports, allowing the participating states to review their own status of implementation as well as that of other participating states. However, these reports amount to overviews of data exchanges, without providing many details on what information these exchanges contain. As such, these reports provide a good overview of compliance levels and list verification activities but are not a basis for assessment of intent or posture of another state (CPC, 2020).

Out of a complex web of interconnected CSBMs agreed among the OSCE participating states, there is one that provides an especially broad mandate to the CPC when it comes to reporting on and facilitating analysis of the military information exchanges done by the participating states. The VD11 in its paragraph 157 states:

> "Participating States are encouraged to provide the CPC with a copy of all CSBM notifications and information exchanged. In accordance with the Charter of Paris, which tasked the CPC with supporting the implementation of CSBMs, the CPC will provide to all participating States, on a regular basis, a factual presentation of all CSBM information exchanged. The factual presentation should facilitate the analysis of this information by participating States and will not entail any conclusions by the CPC" (OSCE, 2011b).

It is a prerogative and in the best interest of all states to meaningfully examine the military data received by other states, analyzing what it entails regarding their own security. However, states often lack the resources to process this information, either due to insufficient number of trained staff dedicated to analyzing the exchanged military data, or lack of tools that would support such analysis. Following the worsening of the geopolitical situation in Europe during the recent years, the OSCE participating states have been abandoning some of the key arms control agreements negotiated in the 1990's, either by withdrawing fully or selectively implementing their commitments. The increasingly challenging geo-political situation in Europe pushed them into reconsidering their priorities and seek other means that would ensure their own security (NATO, 2023).

In 2016, the OSCE participating states adopted a Declaration on the 20th Anniversary of the OSCE Framework for Arms Control and welcomed the launching of the Structured Dialogue on the current and future challenges and risks to security in the OSCE area. An open-ended Informal Working Group (IWG) Structured was established and high-level talks among the participating states started in Vienna (OSCE, 2016).

Under the leadership of the German Chair of the IWG Structured Dialogue, the OSCE participating states focused on discussing threat perception based on which the trust between them was eroded. In particular, the states were interested in force postures and military activity conducted by states in the previous years, looking for signs of an ever more aggressive national stances that may be detected. It was decided that the data exchanged under the VD11 Chapter I on AEMI would be closely looked at by the national experts. At the same time, the information on military activity exchanged under Chapter V of the VD11, requiring states to announce any significant military exercises above agreed thresholds, was to be compiled and analyzed. To support this discussion, the OSCE CPC developed a small-scale software application that was capable of geographically mapping military unit locations, identify trends in build-ups of major weapon and equipment systems in those units and map frequency and size of major military exercises for the past 30 years. This was one of the first innovative ways of using the VD11 data to provide the participating states with easy-to-understand visual products such as geographical maps, line graphs and timelapses, depicting the trends based on the officially exchanged military data. As such, this software application proved the concept of leveraging innovation and technology to support the OSCE mandate delivery and fuel fact-based discussions at the multi-lateral fora, but also collect and retain all information related to historical arms control and CSBMs implementation (OSCE, 2018).

7.5 OSCE Information Management and Reporting System – iMARS

The implementation of a vast majority of arms control treaties, agreements and CSBMs includes some sort of information exchange that either provides a basis for verification activities, adds to overall transparency, or serves as communication and facilitation of specific implementation activities. As mentioned, the OSCE CPC captures this data and presents it back to the states in factual overviews. Following a successful roll-out of the mapping software that supported the IWG Structured Dialogue discussion and to further improve the quality of its service, the CPC proposed a larger project to the participating states and started developing the OSCE Information Management and Reporting System (iMARS) in 2018. This initiative came from the CPC as an answer to increasing demand by the participating states for reporting on the officially exchanged military information at the level of detail that was not feasible with the use of Excel-based spreadsheets used by the CPC at the time (CPC, 2020).

The iMARS platform is developed under an Extra-budgetary project of the OSCE, financed by donor states on a voluntary basis. However, once fully operational, it will serve all 57 OSCE participating states, bringing several benefits to the stakeholders. The OSCE has the largest network of arms control agreements and CSBMs that translate into a significant amount of data that was and is still being exchanged among the states. With iMARS, all this information is captured and stored in its structured databases, providing overviews and preserving the institutional memory of activities for over 30 years of implementation. The system is also capable of mapping any information that contains a geographical element, such as geographical coordinates, state territories, flight paths or verification mission-specific areas. This brings a visual component to the exchanged data and increases insight into states' affairs. Taking the AEMI under Chapter I of the VD11 as an example, iMARS can map all the reported locations of units and formations, assigning reported numbers of personnel and types of major weapon and equipment systems, as well as their holdings, to each location, providing officially exchanged photographs of the weapon systems as well as satellite maps of the infrastructure where they are reportedly being held. This capability that was initially developed to support the IWG Structured Dialogue talks was later expanded to datasets stemming from other arms control treaties and CSBMs and further improved. Direct access to iMARS was provided to the OSCE participating states over the secure OSCE Communications network (CPC, 2020).

The iMARS project directly supports the participating states by facilitating them to implement their commitments taken in the Helsinki Final Act and the Charter of Paris, another two key documents in the security architecture of the OSCE. By supporting the states in negotiation of new agreements, monitoring implementation of existing ones and engage in fact-based security discussions, the iMARS project aims to build capacity, improve implementation, enhance co-operation and promote transparency among the pS, which is the basis for building trust and ultimately increase security in the OSCE region. As the Helsinki Final Act states:

> "The participating States will fulfil in good faith their obligations under international law, both those obligations arising from the generally recognized principles and rules of international law and those obligations arising from treaties or other agreements, in conformity with international law, to which they are parties" (OSCE, 1975).

Similarly, the Charter of Paris reaffirms that:

> Security is indivisible and the security of every participating state is inseparably linked to that of all the others. We therefore pledge to co-operate in strengthening confidence and security among us and in promoting arms control and disarmament (OSCE, 1990).

The project also directly supports the Women, Peace and Security (WPS) agenda, in particular the United Nations Security Council Resolution (UNSCR) 1325 and the OSCE 2004 Action Plan for the Promotion of Gender Equality by providing the pS with an opportunity to monitor their progress in implementing their gender related commitments through provision of data overviews disaggregated by gender wherever possible. The inclusion and meaningful participation of women is vital for the successful prevention and mitigation of conflicts and among other, iMARS is aimed at monitoring progress that pS achieve in this field (CPC, 2020).

Compared to the outdated Excel-based tools, iMARS is designed of collecting and storing data at an increased level of detail, allowing states to analyze elements of implementation that were previously not feasible. At the same time, it provides a platform that hosts all available military and verification data collected through the past 30 years, coupled with analytical tools that states can use to draw lessons learned based on recorded arms control and verification practices. The iMARS analytical platform can be used as a technical planning tool for verification staff, but it can also support policy officers as it provides trends and insight into a more strategic military posture of states. Using iMARS, implementers can identify trends based on exchanged military data much faster and are able to analyze military information that was previously considered not practical or feasible to dissect (CPC, 2020).

7.6 Conclusions: Retaining the Institutional Memory

Increased tensions among states put the European security architecture to the test. While arms control treaties and CSBMs were used to reduce risk of escalation and gather reliable information about the newly formed crisis situations, the states also recognized their shortfalls regarding the effectiveness of these regimes in such conditions. In the light of these new developments, calls for adaptation of the VD11 to help reduce risks by strengthening transparency, predictability and stability were becoming louder. There were initiatives to discuss arms control in the light of new political and security situation, considering new technological and military advancements (BG Braunstein, 2017).

However, in the recent years, the OSCE participating states have been abandoning some of the key arms control agreements negotiated in the 1990's, either by fully withdrawing from the agreements or selectively implementing their commitments. At the same time, states remain aware of the benefits that constructive arms control agreements and CSBMs bring in supporting their peacebuilding and risk reduction efforts.

After 2014, the OSCE participating states moved their focus from building trust toward prevention of military incidents between NATO allies and Russia. The latest initiative came just before 2022 when Western states proposed several arms control ideas to re-build the security architecture in Europe (Hernández, 2023).

While arms control remains possible even under the conditions of strategic rivalry, as was seen during the cold war, the OSCE participating states will more likely approach it only out of necessity and in a very limited scope until the security situation in Europe stabilizes and political conditions to discuss new measures are more favorable (Graef & Thies, 2022).

Generations of implementers that have spent years learning the arms control trade, the mechanics of the military information exchange, on-site verification and policy support, will slowly but surely be rotated out of the arms control community, either professionally or due to retirement. With them, the knowledge and experience that they have accumulated through the years will fade, leaving states unprepared for the time when geo-political situation in Europe will demand either restarting existing activities in one way or another or negotiating new measures. The risk of losing the institutional memory that would support either of those activities is of great concern. To mitigate that, some states propose collecting this knowledge and experience, gathered throughout the past few decades, and drawing lessons learned from implementing the key agreements such as the VD11, CFE, Dayton Article IV and the OST (US DoS, 2024).

Collecting knowledge and experience from implementers from different time periods and geographical regions of the OSCE, cataloging it and making it available to relevant stakeholders, would preserve the subjective component of more than 30 years of arms control and CSBMs implementation. When combined with sufficient training and a vast amount of factual data that was collected through the years, compiled on the iMARS platform, future generations of implementers would have a good basis to conduct their work. Drawing lessons learned from implementing existing agreements can help avoid making same mistakes in the future and perhaps even improve the tools that states have at their disposal to preserve and further build on peace and security in the Euro-Atlantic region.

References

Arms Control Association (2024). *The Open Skies Treaty at a Glance.* https://www.armscontrol.org/factsheets/openskies

Braunstein, P. (2017, December). *Promoting Military Stability and Security.* Austrian Federal Ministry of Defence and Sports and the Federal Ministry for Europe, Integration and Foreign Affairs. https://www.bmlv.gv.at/pdf_pool/publikationen/osze-vorsitz-kompendium_final.pdf

Lüber, H. (2017, December). *Promoting Military Stability and Security.* Austrian Federal Ministry of Defence and Sports and the Federal Ministry for Europe, Integration and Foreign Affairs. https://www.bmlv.gv.at/pdf_pool/publikationen/osze-vorsitz-kompendium_final.pdf

CPC (2020, April). *Project Proposal: The Information Management and Reporting System (iMARS) for collecting, processing and reporting on exchanged military information.* OSCE Conflict Prevention Centre. http://vrs-3.vlada.si/MANDAT20/vladnagradiva.nsf/71d4985ffda5de89c12572c3003716c4/13da2e95712afb18c12585fa002169d8/$FILE/ProposaliMARS.pdf

Graef, A., & Thies, T. (2022, December). *Lessons from the past: Arms control in Uncooperative Times.* European Leadership Network. https://www.europeanleadershipnetwork.org/wp-content/uploads/2022/12/22_12_06_Alex-Graef.pdf

Hernández, G. R. (2023, March). *Russia Refuses Annual Vienna Document Data Exchange. Arms Control Association.* https://www.armscontrol.org/act/2023-03/news/russia-refuses-annual-vienna-document-data-exchange

NATO (2023). *Arms control, disarmament and non-proliferation in NATO.* North Atlantic Treaty Organization. https://www.nato.int/cps/en/natohq/topics_48895.htm

NATO (2024). *OSCE Expands Its List of Confidence-Building Measures for Cyberspace: Common Ground on Critical Infrastructure Protection.* NATO Cooperative Cyber Defence Centre of Excellence. https://ccdcoe.org/incyder-articles/osce-expands-its-list-of-confidence-building-measures-for-cyberspace-common-ground-on-critical-infrastructure-protection/

NATO School. (2024). *Conventional Arms Control Information Exchange Course.* Course Catalogue; NATO School Oberammergau. https://www.natoschool.nato.int/Academics/Resident-Courses/Course-Catalogue/Course-description?ID=64&TabId=155&keyword=conventional&code=&startdate=&enddate=&exactdatematch=False&durationfrom=1&durationto=3084&residentcourse=True&onlinecourse=True&adlmodules=False&department=&language=en-US#64aid-aid

OSCE (1975). *Conference on Security and Co-Operation in Europe Final Act.* https://www.osce.org/files/f/documents/5/c/39501.pdf. Helsinki Final Act.

OSCE (1990). *Charter of Paris for a New Europe.* https://www.osce.org/files/f/documents/0/6/39516.pdf. Charter of Paris.

OSCE (1999, October 6). *Decision No. 5/99.* https://www.osce.org/files/f/documents/3/4/29839.pdf

OSCE (2000). *List of Vienna Document 2011 Notification* Formats (No. FSC. DEC/7/00). Decision No. 7/00 Notification Formats; OSCE. https://www.osce.org/files/f/documents/c/b/27270.pdf

OSCE (2011a). I. Annual Exchange of Military Information. In *Vienna Document 2011 on Confidence- and Security-Building Measures.* OSCE. https://www.osce.org/files/f/documents/a/4/86597.pdf

OSCE (2011b). XII. Final Provisions. In *Vienna Document 2011 on Confidence- and Security-Building Measures.* OSCE. https://www.osce.org/files/f/documents/a/4/86597.pdf

OSCE (2016, November 9). *From Lisbon to Hamburg: Declaration on the Twentieth Anniversary of the OSCE Framework for Arms Control.* https://www.osce.org/files/f/documents/3/e/289496.pdf. MC.DOC/4/16.

OSCE (2018). *The OSCE Structured Dialogue 2018*. https://www.osce.org/structured-dialogue-2018

OSCE (2021, October 29). *Consolidated references to the OSCE Forum for Security Co-operation mandates.* https://www.osce.org/files/f/documents/a/1/508424.pdf

OSCE (2022, November 16). *Decision No. 2/22 Electronic Annual Exchange of Military Information and the Global Exchange of Military Information.* https://www.osce.org/files/f/documents/0/5/532136.pdf

OSCE (2024a). *Article IV.* https://www.osce.org/files/f/documents/2/b/119597.pdf

OSCE (2024b). *Creating trust through transparency and openness. Arms Control.* https://www.osce.org/arms-control

OSCE (2024c). *CSCE becomes OSCE.* https://www.osce.org/secretariat/52527

OSCE (2024d). *What is the OSCE? Organization for Security and Co-operation in Europe.* https://www.osce.org/files/f/documents/d/d/35775_7.pdf

Prezelj, I., & Harangozo, D. (2018). *Confidence and Security Building Measures in Europe at a Crossroads.* Nomos. https://doi.org/10.5771/9783845288970

UNODA (2024). *United Nations Register of Conventional Arms.* UNROCA, United Nations Office for Disarmament Affairs. https://www.unroca.org/

US DoS (2024, April). *Broad Agency Announcement (Baa) Cycle 1 for the Fiscal Year 2024 Key Verification Assets Fund.* United States Department of State Bureau of Arms Control, Deterrence, and Stability. https://sam.gov/opp/608af4e4eae2412ba48e92d19c10bf1e/view

Wezeman, S. T. (2003, August). *The Future of the United Nations Register of Conventional Arms.* https://www.sipri.org/sites/default/files/files/PP/SIPRIPP04.pdf

Innovatives Wissensmanagement
Innovative Knowledge Management

Herausgegeben von Prof. Dr. Dr. Dr. habil. Bernhard F. Seyr

Band 1 Bernhard F. Seyr (Hrsg.): Innovations- und Wissensmanagement in der Praxis: Konzepte, Forschungsergebnisse und Fallstudien. Innovation and Knowledge Management in Practice: Concepts, Research and Case Studies. 2020

Band 2 Bernhard F. Seyr (Hrsg.): Multidisziplinäre Perspektiven im Innovations- und Wissensmanagement. Multidisciplinary Perspectives in Innovation and Knowledge Management. 2021

Band 3 Bernhard F. Seyr (Hrsg.): Applied Innovation and Knowledge Management in Organizations. Angewandtes Innovations- und Wissensmanagement in Organisationen. 2022

Band 4 Daniela Hofmann (Hrsg.): Personalmanagement in NPOs Motive und Haftungsrisiken Ehrenamtlicher - eine empirische Untersuchung in den Ländern Deutschland und Österreich. Personnel Management in NPOs Motives and Liability Risks of Volunteers - An Empirical Study in Germany and Austria. 2023

Band 5 Bernhard F. Seyr (Hrsg.): Systemic Knowledge Management and Social Challenges. Systemisches Wissensmanagement und soziale Herausforderungen. 2022

Band 6 Bernhard F. Seyr (Hrsg.): Aktuelle Herausforderungen im Wissensmanagement. Current Challenges in Knowledge Management. 2024

www.peterlang.com

www.ingramcontent.com/pod-product-compliance
Ingram Content Group UK Ltd.
Pitfield, Milton Keynes, MK11 3LW, UK
UKHW021823290926
8980IPUK00004B/235

9 783631 925249